前しか見ない

ミキティ語録

藤本美貴

CCCメディアハウス

前しか見ない

ミキティ語録

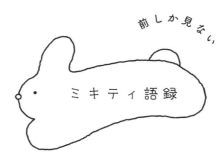

はじめに

「どうして、そんなに前向きなんですか？」

これまで、何度もされてきたのがこの質問です。そのたびに「自分が前向きかどうかなんて、考えたことがないんです。何も考えず、普通に生きてきたんですけど……」と答えてきました。たとえば、ネガティブなことを言われたり、ネットで書かれたりしても「ま、いっか」って思う。なんとも思わないんです。

これは、子どものころから、ずっと変わりません。

前向きのほかには、自己肯定感についても考えたことがないんです。「なんで考えてこなかったんだろう？」と改めて考えると、ベースにあるものが要因かなと思いました。

それは、「家族の仲がいい」「自分の幸せは自分でつくる」のふたつ。

私は４人兄妹の末っ子で、数えきれないほどの喧嘩をして大きくなりました。一方で、自分たちは言い合いをしても、家族以外の誰かに何か言われるのは許せない、いざとなったら絶対助けるからね、という意識が強かった。

私にとって、家族は絶対的な味方です。家族がいるから、いまの私がある。それは藤本家の家族であり、庄司家の家族であり、いま私と旦那さんで作っている家族でもあります。

でも、育った環境があまりよくない……ということもありますよね。その場合は、自分で新たにつくりだす方向にチェンジしていく、という手があると思います。

私はひとり親の家庭で育ったんですけれど、そのことは私の人生には関係がないんですよね。私は私で幸せになる。だって、私の人生だから（念のためにつけ加えると、母は大変な思いをしたかもしれませんが、不幸ではありません）。

幸せはいろんな形があると思うけれど、どんな状況にあっても、自分の幸せは自分でつくる、そう思って生きてきました。他人や環境のせいにしたくはないんです。

そんなふうに生きてきた私がＹｏｕＴｕｂｅで発信するたび、「すごく前向きな考え方。

私も真似します！」「心に小さいミキティを飼います！」などコメントしてくれる方がとても多く、ありがたいなあと思っていました。

また、「ミキティの言葉をまとめてほしい」という声も多くいただきました。「たしかに、ＹｏｕＴｕｂｅを全部見返すのは大変だし、まとまっていると、いつでも読めるからいいな」と思ったタイミングで、出版社の方に声をかけていただいたんです。私にとっては、８年ぶりの本になります。

この本では、私がＹｏｕＴｕｂｅで話してきたことを、コンパクトにまとめました。ＹｏｕＴｕｂｅを見てくださっている方にも、そうでない方にも、手元にあると元気になれる本になるといいな、そう思いながら書きました。気持ちが落ちてしまったときには、「心に小さいミキティ」をしのばせて、支えにしてほしい。

ひとつでも、あなたの背中を押せる言葉が見つかると、うれしいです。

CONTENTS

第１章

恋愛

愛は比べる
ものじゃない

MIKITTY WORDS

すごく好きじゃないと、
つらいことや苦しいことは
乗り越えられない。

この人とだったら一緒に乗り越えられるとか、この人のためだったら乗り越えてあげたいとか。結婚に限らずおつきあいをするときにも、その気持ちは大事だと思う。別にそこまで好きじゃないけれど、たとえば結婚に向いているという理由で結婚しても、何かあったときに乗り越えられるパワーが生まれるかと考えると、ちょっと微妙……。

すごく好きじゃないと、つらいことや苦しいことは乗り越えられない。**情の部分で熱いものがないと、「この人のために」とは思えない。**

私は喧嘩できない相手とも、あんまりつきあいたくありません。喧嘩って、お互いに意見を言い合えることだとも思うから。

生まれた場所も年齢も違って、性別も違う。そんな二人が全部理解しあうなんて、あり得ないこと。だから、すりあわせのための喧嘩はしてもいい。もちろん仲直りする前提で。お互いの気持ちを話し合うのは、絶対に必要です。

MIKITTY WORDS

あんまり押しすぎても……
なんて考えない。
嫌われるときは、
押してようが押してまいが、
嫌われるのよ。

好きなら、納得するまで追いかけたらいいと思う。誘って会えるうちは、会えばいいんです。

あんまり押しすぎても……なんて考えない。押しすぎても、いいじゃない。つきあうか、つきあわないかの二択だよって考えたら、押さなかったらつきあえないですよね。だったら、押すしかない。

嫌われるときは、押してようが押してまいが、嫌われるのよ。それなら、自分が行動して、嫌われたほうが納得できるじゃないですか。「私、頑張ったけれど、あなた無理でした」って。

何もしないで、どうにもならないって「うーん」みたいな状態を続けてもしんどいだけ。当たっていくだけです。

押してダメだったら、次に素敵な人を見つければいい。行くところまで行きましょう。グズグズしないってことです。

MIKITTY WORDS

何も起こさないで
かっさらわれていくよりも、
撃沈してかっさらわれたほうが、
「やることやったんだ」って
思えるじゃないですか。

気になる人には、「意識してます！」っていうアピールが大事。

たとえば友達のことを好きになったら、「最近、ちょっと気になってるんだよね」とか、好きまで言わないにしても「ちょっと意識しちゃってます」みたいなことはアピールをしてもいいのかなと思う。「こんなこと言って、気持ち悪いかな」とか冗談交じりに言えば、相手の反応によっては友達にも戻れるんじゃないかな。

好きな人が、ほかの人に取られちゃったら、もうそれは人のもの。

そう考えたら、**人に取られる前に自分がアクションを起こして、振られるなり、つきあうなりしたほうが絶対いいと思う。** 何も起こさないでかっさらわれていくよりも、撃沈してかっさらわれたほうが、「やることやったんだ」って思えるじゃないですか。

これはもう、男も女も関係ない。人間として、生き物として、頑張りましょう！

MIKITTY WORDS

ほとんどの人とは、
さよならするんです。
最後の一人を決めればいいだけ。
振るとか、振られるとか、
傷つくとかっていうのは、
もうそれありき。

年を重ねるとなかなか人を好きになれない、臆病になるってよく聞きます。でも、結婚なんて、たとえば１００人とつきあったって、一人とするわけじゃないですか。ということは、99人は振るか、振られるか、音信不通。そう考えたら、何も怖いことなんてないと思いませんか？

ほとんどの人とは、さよならするんですよ。最後の一人を決めればいいだけだから。振るとか、振られるとか、傷つくとかっていうのは、もうそれありきですよね。それをしにいっているみたいな。うまくいけばラッキーぐらいの気持ちで。

重く考えちゃいけないんですよ。愛ってなんだろうとか。**大事なのは、その人のことが気になるとか、何しているんだろうとか、また会いたいっていう気持ち。**

うまくいかなかったらどうしよう……なんて、おびえている場合じゃない。うまくいかなかったら、それは縁がなかったということ。そうなったら、次。もう、次、次。切り替えていきましょう！

MIKITTY WORDS

ときめきの形は変わっていく。
長くつきあっていても、
結婚していても、
ときめきはやっぱり必要。

長くつきあっていても、ときめきはやっぱり必要。でも、ときめきの形は変わっていく。ずっと好き好きキュンキュン、みたいなのじゃない形にはなっていきます。**安心感だったり、素でいられたりするのも、ひとつの素敵なときめきポイント。**そうやって、ときめきの形は変わっていくし、ときめきが失われたから一生ときめかないかっていうと、そういうことでもないし。

一緒にいてもときめかない……そういうときは、自分もある程度満たされているときだと思う。彼氏もいて、仕事もうまくいっているとか。平和なんですよ。それはそれで、悪いことじゃない。

関係が長くなると、キスしたり、手をつないだりすることも、しなくなりがち。でも、「いまはちょっとそんな気分じゃない」と思っても、するべきだと思う。しないのが当たり前になると、もうしなくなる。

ときめきがなくなってきたかな……と感じたときは、その感情をちょっと置くことも必要だと思います。なくなってから取り戻すほうが、大変だから。相手を失いたくないなら、感情の変化を受け入れながら、頑張るしかない。

MIKITTY WORDS

むかしのことって、よく見えがち。
けれど、もうすでに、
「あの頃のわたし」でも、
「あの頃のあなた」でもない。

むかしのことって、よく見えがち。特に、いまが大変だったり不満があったりするときは。

たとえば、SNSや同窓会で元カレ、元カノと再会することってありますよね。再会はもちろん悪いことではないけれど、思い出は思い出のままにしておいたほうがいいんじゃないか……と思います。

むかし別れたということは、何かがあって別れている。それから長い時間が経って「！」となっても、それはもうお互い勘違いというか思い込み？　いまの環境を捨ててまでそれが本当にほしいのか、必要かと考えると……。必要ないんですよね。

もうすでに、「あの頃のわたし」でも「あの頃のあなた」でもない。

結局ヨリを戻したとしても、つきあいが長くなると、むかしと同じように別れたりする。いま自分が手にしているものの大切さ、素晴らしさに目を向けましょう！

MIKITTY WORDS

好きだった人と、
次に出会った人を
比べるようなことは、
しないほうがいい。

片思いしていた人だったり、うまくいかなかった人だったりって、時間が経つほど美化されがち。「あの人はこうだった」「あの人はああだった」って、もういいところしか出てこない。

次に出会った人ともしつきあうことになったら、「あの人とだったらこうだったのかな」なんて、比べるようなことはしないほうがいい。それをすると、目の前にいる人のよさを見落としたりして、大事な人を失ってしまうことになるから。

MIKITTY WORDS

見返りは、求めだしたら
キリがない。
人は人、自分は自分。
何かしら反応があれば、
それでOK。

恋愛にしてもご近所づきあいにしても、与えたことに見返りを求めだしたら、キリがないと思っています。

自分がやりたくてはじめたことでも、それに対して「こうしてほしい」と思う気持ちはわかります。でも、見返りを求めだしたら、「なんで、やっているんだろう?」と思ってしまいがち。すべてが、意味がなかったかのように感じてしまう。

たとえば飲みに行って「楽しかった!」「また行こうね」と自分の気持ちを言葉にしてくれる人もいれば、「言わなくてもわかるでしょ」と考える人もいますよね。

もし、相手にはなんでも言葉にしてもらいたい、それが絶対的に自分には必要だと思うなら、その相手とは合っていないかもしれない。でも、なんでも口に出してくれる人(男性)のほうが、たぶん少ないと思うんですよね。

好きだったら、自分の気持ちだけで動いていけばいいと思うし。そこで気になることがあったら、相手に聞きましょう。聞いたほうが早い。

たとえば、軽いテンションで「楽しかった?」って聞いて、何かしら言ってくれたらそれでOKにするとか。そうしないと、つらくなる一方じゃないですか。**好きな相手との時間は、楽しんだほうがいい。考えすぎても、いいことなし!**

MIKITTY WORDS

楽しませてもらう、
楽しませてあげるじゃなく、
お互いに〝この人を楽しませたい〟
と思う気持ちを持つことが
大事だと思う。

そもそも、楽しませられると思うなよ、っていうことですよね。楽しませる努力をお互いするべきだと思う。

相手のことを楽しませられると思うのも違うし、楽しませてもらう、楽しませてあげるじゃなく、お互いに〝この人を楽しませたい〟と思う気持ちを持つことが大事なんじゃないかな。

一緒にいるときに場を盛り上げなきゃ、というよりは、「今日寒いですね」の一言でもいいから、会話を続けたいと思うかどうか。**ごく普通の日常の話ができて、それが心地よいと思える相手が「合う人」なんだろうと思います。**

だからといって、話の中身がどうでもいいわけではなく、日常の話を盛り上げるような努力をしたくなる人に出会いたい。

トーク力を磨いたところで、そのトーク力が全員に効くわけじゃない。それは、その人とのフィーリングがあるから。でも、なんかやっぱりこう、楽しませてあげたいっていう気持ちは大事だと思います。

MIKITTY WORDS

愛は比べるものじゃない。
同じくらい好きとか、
はかりようがない。

そもそも、同じくらい好きである必要があるのか？　もちろん、愛するよりも愛されていたほうが安心もするだろうし、満足はするのかもしれないけれど。

でも、同じくらい好きかどうかって、はかりようがないと思う。言葉ではあんまり言わないけれどすごく好きっていう人もいるし、すごく伝えたいっていう人もいるし。表現は人それぞれ。

デートが終わるたびに「あー、なんか私のことをまだ好きじゃないのかな」って**不安に思えるぐらい人を好きになれるなんて、素敵なことだと思う。**

旦那さんとつきあいはじめた頃、旦那さんは、私に同じだけの思いを求めるということはなく、ただただ自分の思いを伝えてくれました。だから、「この人、こんなに私のことを思ってくれてるんだ」って、素直に思えたんですよね。

私のほうが好き、あなたは私のことをそんなに好きじゃないとか、比べるものじゃない。比べずに、とことん愛してあげたらいいと思います。

MIKITTY WORDS

「私ばっかり我慢して」
と思いがちだけれど、
「相手も我慢していることがあるよね。
お互いさまだな」
と思いながら相手を気遣うのは、
大事だと思います。

結婚する前も結婚したあとも、思いやりがあれば、結婚につながったり、別れずに済んだりするかもしれない。

相手に対して「だからダメなんだよ」と思うことがあれば、「じゃあ、自分がそこまで完璧なのか」と考えてみる。

お互い、何かしら我慢をしていることは、絶対にあります。

「なんか、私ばっかり我慢して」と思いがちだけれど、「相手も我慢していることがあるよね。お互いさまだな」と思いながら相手を気遣うのは、大事だと思う。

これって、恋愛関係だけでなく、人間関係全般に言えることなのかもしれない。

相手のダメなところを探しはじめたら、もうおしまいです。

相手に甘えられないって悩む人も多いみたいだけれど、無理して相手に甘えることもないんです。それよりも、お互いに感謝することを大事にしたほうが、いい関係が作れると思います。

MIKITTY WORDS

まずは、自分の幸せを考えましょう。
相手のことは、それから。

つきあっている相手が病気だったとき、病気になったとき、どうしますか？「そばにいて支えてあげたい」と思って、相手の幸せを考えることは大事。だけど、自分の幸せも絶対大事。

私は、**人の幸せのために、自分が犠牲になる必要はない**と思っています。支えたいと思ったら、きちんと相手と向き合って、本当にそれで大丈夫なのかを確認して、一歩一歩進んでいくのがいいんじゃないかな。

最初は「支えたい」と思っても、時間が経つにつれ重荷になることもあるかもしれないし、自分が耐えられなくなる、ということもありますよね。

好きっていう気持ちだけで突っ走るんじゃなくて、少し冷静になる。相手の状況を理解して、自分にできること、できないことを見極めるのが大事だと思います。

まずは、自分の幸せを考えましょう。相手のことは、それから。それって、薄情でもなんでもない。当たり前のことだと思うから。

MIKITTY WORDS

携帯はね、
見るもんじゃないんですよ。
見ちゃダメなのよ、携帯って。

どこから浮気か。これは人によると思います。

私の場合は、たとえば誰かと二人で食事に行ったことを内緒にされたら、浮気だなと思っています。気持ちとしてはね。キスした、手をつないだとかじゃなく。言えないということ自体が、浮気のはじまりだと思うから。

でも、携帯は見ちゃダメ。どこからが浮気かというよりも、携帯は見ちゃダメなんです。それはもう、探しに行っているから。

私の教訓として、「探しに行っちゃダメ」っていうのはあります。

探しに行くと、浮気じゃなくても何かが出てきたときに、ショックを受けてしまう。でも、探しに行かなければ別に知らなかったことだから。とにかく、探しに行かない。出てきたら対処する。

探してうれしい気持ちになることって、たぶんない。だって、探しに行くときに、優しい気持ちで探しに行ってないじゃないですか。だから、探しに行かないほうが自分のためでもあるなと思います。

MIKITTY WORDS

同棲は絶対しない派です。
同棲しなくても、
連泊すればわかります。

同棲は絶対しない派だし「しなくてよくない？」派です。

よく「同棲して、お互いのことをわかったほうがいいんじゃない？」って言いますよね。でも、同棲しなくても連泊すればわかります。

つきあいはじめはお互いよく見られたいと思って、部屋をきれいにすることとかもありますけれど……。ある程度長くなってきたら、そんなことも徐々になくなってくるから、いずれは素の状態の部屋も見られるので、大丈夫です。

私は結婚するまで、一緒には住まなかったんです。同棲していると、結婚って紙一枚の話になっちゃうじゃないですか。それがもったいないって思ったんです。**人生の一大イベントなのに、紙一枚の違いで「何も変わらないね」よりも、紙を出してから「じゃあ、今日からよろしくお願いします」のほうがいいなって。**

結婚したらずっと一緒にいるのに、同棲したら、その人との生活に飽きてしまわないかな、とも思いました。同棲したら、結婚するタイミングがわからなくなったという話を人から聞いていたこともあったし。もし別れることになっても、大変だって聞いていたので。私にとって同棲は、時間の無駄、っていう認識です。

MIKITTY WORDS

貴重な時間を無駄にしていることに、
早く気づいてほしい。
素敵な人と出会える機会でもあるのに、
その時間を無駄にしているわけだから。

家庭のある人と恋愛するのはもちろん自由。でも、相手に好き勝手されているだけだと思うんですよね。「こっちには家庭があって、幸せです」ってね。

そんな贅沢な話がありますか。終わりにしたいのなら（相手が仕事関係の人なら）「終わりにしましょう。業務以外の連絡はしてこないでください。してきたら、会社に言います」って言えばいいんです。

どんなに愛しても、人のものなの。奥さんと別れてきたんだったら、再婚して幸せになるパターンだって、もちろんある。だけど、だいたいは別れないんですよ。「妻とは話し合ってる」って言うかもしれないけれど、絶対話し合ってないし。「じゃあ、話し合っているところを見せてもらっていいですか」って話じゃないですか。**相手が目を覚ますなんてことはないので、こっちから見切りをつけましょう。**

貴重な時間を無駄にしていることに、早く気づいてほしい。無駄な時間って言っちゃあれだけれど、なんだかもったいないなって思う。素敵な人と出会える機会でもあるのに、その時間を無駄にしているわけだから。

奥さんと別れて自分のところに来ないんだったら、もう無駄です。永遠に自分のものにならないのに、ずっと追いかけているって切ないじゃない。

MIKITTY WORDS

「嫌いになる前に別れたい」は、すごく意地悪。

別れたかったら、嫌われることになったとしても、はっきり振りましょう。なんだったら、相手に嫌われるように振る。

嫌なのは「嫌いになったわけじゃないけれど、恋愛感情はない。でも、会うと楽しい」「嫌いになる前に別れたい」とか、相手に少しでも期待を持たせる言い方。

これって、すごく自分勝手で、キープじゃないですか。でも、「自分は悪者になりたくない」「波風立てたくない」と考える人は、一定数いますよね。

「好きな人ができたから。あなたのことがもう好きじゃないから、つきあえない」って言われたほうが、しょうがないって思うところにいけるのに。そこにいかせないのは、すごく意地悪。

男性でも女性でもそういう人がいたら、私はすごく嫌なやつだなって思う。相手の「自分は好きだから、少しの可能性でも残っているなら、絶対つながっていたい」っていう思いを、いいように使っているんですよね。

私は、別れ話になったら、別れたほうがいいと思います。**どちらかに気持ちがなくなっているのに続けていくことは、難しい**から。相手がはっきり言わない人だったら、そんな意地悪な人に振り回されている場合じゃない。次の恋愛にいきましょう。

MIKITTY WORDS

いつでも一番じゃなかったら、無理かも。

私はいつでも一番じゃなかったら無理かも。

よく、男性は浮気するって言いますよね。一人くらいとだったらいいんじゃないかとか。

でも、たとえば、自分のことは一番に考えてくれて、浮気相手は二番目なんだよ、って言われても無理。

浮気されたら、もう、どうしてくれようって感じです。なんかしようとしますね、物理的な攻撃を。彼に対してもそうだし、相手の女性に対しても、どうしたら苦しめられるか考えます。

別れるときは、自分の最高のタイミングで別れます。なんで、彼に好きな人がいるタイミングで、私が別れなきゃいけないんだろうって思うから。

第2章

仕事

結局は、
自分がどうしたいか

MIKITTY WORDS

仕事でもなんでも、
結局は、自分がどうしたいか。
だって、自分のことを
どうにかできるのは、
自分だけだから。

同じ失敗は、やっぱりしちゃいけない。当たり前ですけれど、同じ失敗を繰り返すと信用がなくなってしまう。

じつは、仕事で失敗したことは、あまりありません。それでも「もっとこうすればよかったな」とか「こういうふうにできたんじゃないかな」と思うことはあります。でも、そんなふうに後悔しても、もう時間は過ぎているから、どうしようもない。だから、同じようなことがあったら、「次はこうやってみよう」という前向きな気持ちで臨んでいます。

結局は、自分がどうしたいか。

自分のことをどうにかできるのは、自分だけだから。**失敗したら、また一から積み重ねればいいだけです。**

MIKITTY WORDS

わからないことがあって、当たり前。
チャレンジしてもいないのに、
できるかどうか、考えない。
これから吸収していくと思えば、
何も怖いことはない。

評価や指摘は、ちょっと嫌な気持ちになりますよね。だけど、怖がる必要はないし、指摘されたら直せばいいいだけだと思います。

注意されたことは、「次は同じことで失敗しないようにしよう」、ダメだって言われたことに関しては、「なんでダメだったのか」を自分の中で理解して、同じ状況が来たときに、繰り返さないようにするだけです。

自分の考える「ちゃんとした自分」像は持って、「足りなくて当たり前」と思うようにしています。

どんな仕事でも、わからないことがあって当たり前。わからないことや知らないことで、落ち込んだりはしません。吸収していくと思えば、何も怖いことはないから。

チャレンジする前から、できるかどうかも、あまり考えないかも……。だから、未知の怖さにおびえることもない。

チャレンジしたときに、「思っていたより緊張したな」「あ、こんなパターンもあるのね」と思いつつ、「また経験値が増えたなあ」と、あくまで前向きに考えます！

MIKITTY WORDS

すべてが私に合うように
つくられているわけじゃない。

できなそうな仕事や合わなそうな仕事があったとき、「これは、できません」ではなく、やっぱりやってみよう、合わせようとする努力は必要だと思う。

私も、好きな仕事ばかりできるわけじゃありません。いろんな役回りがあって、いろんな人と仕事します。どんな仕事も、すべてが私に合うようにつくられているわけじゃないから。

人づきあいも、大人として。人として言われたことはやるし、仕事もその場でやれることをやる。それが**たとえ合わなくても、ちゃんと全力で向き合うことは必要なのかなと思います。**

やってみると案外おもしろかったり、違う展開が見えたりすることも。もちろん「あ、やっぱり合わなかった」ってこともあります。でも、まずはやってみる。それでしか、前に進めないと思うから。

MIKITTY WORDS

社会に出たら、
だいたい理不尽なことで怒られます。
そんなときは、「あ、理不尽だな」
と思えばいいんです。
でも、理不尽なりに
意外と生きていけるもんです。

起こっていないことに対して、「失敗したらどうしよう」「こうなったらどうしよう」とは考えません。でも、もし考えてしまうのであれば、前もっていろいろ予測して動けるのは、すばらしいこと。

「こうならないように、いま何をするか」と考えて動いていけば、そう悪い方向にはいかないと思うんです。

「こうなったらどうしよう」と思うのは、悪いことじゃない。そのうえで、「そうならないように動けばいいだけ」っていう気持ちに持っていく。

社会に出たら、だいたい理不尽なことで怒られます。そんなときは、「あ、理不尽だな」と思えばいいんです。理不尽な人って、いっぱいいるんですよね。でも、理不尽なりに意外と生きていけるもんです。

MIKITTY WORDS

ダメな人を
変えようと思わないほうがいい。
そういう人は、
もう変わらない。

誰かの尻ぬぐい……仕事をしていると、遭遇することがあります。もちろん、断ることもできる。でも、今後のことを考えると、あんまり断りすぎるよりも、こなせるような内容だったらこなしたほうが、自分の評価が上がるとは思います。

ダメな人を変えようと思わないほうがいい。そういう人は、もう変わらない。そのことを考えている自分の時間が、無駄じゃないですか。みんな同じ1日24時間という、**限られた大切な時間を誰かのことでイライラに使うって、すごくもったいない。**何も前に進まないし、それで自分が成長できるわけでもないから。

断るのであれば、もう断固として断る。ハートを強く。「それは○○さんの仕事だから、私はやりません」と言い続けるのも、もちろんありだと思います。

MIKITTY WORDS

わかってもらえる
なんて思わない。
伝えていきましょう。

指示がないと動けない人にどう接すればいいか。これはもう、「自立しない」ことを逆手にとって、完璧な指示を出していきましょう。

相手が変わらないことにイライラするよりも、自分が変わるほうが早い。逆に言えば、言ったことはやってくれるのであれば、ある意味、動かしやすいですよね。

たとえば、子どもと向き合っていても、「こうするもんでしょ」「こうするべきでしょ」みたいに、「普通、考えたらわかるじゃん」と思うから、イライラするんですよね。でも、「普通は……」とか、「相手にわかってもらえる」と思うことが、おこがましいんじゃないかと考えるようになりました。

だから、もうわかってもらえるなんて思わない。伝えていきましょう。「そういう人なんだ」と思って接する。「なんで？」と思っても疲れるだけです。指示を出すのって、手間が増えるから大変。でも、結果的にはそのほうが、物事が前に進みますし、精神的にも自分が楽になれると思います。

MIKITTY WORDS

考えてもしょうがないことは、
考えない。
グズグズしている時間のほうが、
もったいない。

姉に「『仕事に行きたくない』って言っているのを聞いたことがない」と言われたことがあるんですけれど、たしかに言ったことがないかもしれません。

むかし、姉が「仕事に行きたくない」とグズグズ言っていたことがあって。私はすごく冷めた子どもだったので、「この人は泣いたところで行かなきゃいけない仕事に、何を朝からグズグズ言っているんだろう」と思ったことを覚えています。

行きたくないと思ったところで、行かなきゃいけないじゃないですか。だから、行きたくないと思っても、悩んでも意味がないと思うんですよね。

たとえば、夕方からの仕事って忘れがち。いまから行くのは面倒くさいな、と思うこともあります。でも、行かなきゃいけないし、もちろん行きます。

本当に休める仕事であれば、もしかしたらグズグズ言うことはあるかもしれないですけれど、考えてもしょうがないことは考えません。

MIKITTY WORDS

誘われたら「誰、誘います？」

と聞きます。

「行かないですよ、二人では」

と言って、常に誰かを誘うんです。

関心のない同僚や取引先の人からアプローチされたら……困りますよね。私だったら、その人と仲よくなります。

でも、たとえば二人で飲みに行くとなると、変な期待をされても困る。なので、誘われたら「誰、誘います?」と聞きます。「行かないですよ、二人では」と言って、常に誰かを誘うんです。

相手に対して、気持ち悪いと思ったら全部が全部気持ち悪くなってしまって、それがストレスになってしまう。それに、自分が会社を辞めたりするのもおかしな話。だったら、仲よくなって、逆に冗談を言える関係になるほうがいい。

「好きだよ」って言われたら、それに対して「私は好きじゃないです」ってはっきり言いましょう。**明るい感じで、テンション上げて断る。はぐらかしていると、相手はいつまでも気づかない……ということもあるから。**

いい意味でかわいがってもらうのが、平和的な解決方法だと思います。もちろん度が過ぎたら、上司に相談してなんとかしてもらうことは忘れずに。

MIKITTY WORDS

チャレンジをする
苦労はいいけれど、
苦しむけれど
お金がもらえるというのは、
ちょっと違うと思います。

出世したいとか、相手に出世してほしいとか、考えたことがありません。

いまは、共働きが当たり前になってきていますよね。旦那さんだけに頼る時代ではなくなってきていると思うので、二人で働いて、家族が普通に生活できればいいと考えています。

仕事だから、大変なことはあります。でも、つらい思いをしてまでお金をもらいたいとも、もらってきてほしいとも思わない。

もちろん、その中でチャレンジっていうのはある。「できるかできないかわからないけれど、やってみよう」みたいなことはありますよね。結果、全然向いていなかったこともあるし、やってみたら意外に楽しかったっていうこともある。

チャレンジをする苦労はいいけれど、苦しむけれどお金がもらえるというのは、ちょっと違うと思います。

仕事をした結果、みんながハッピーじゃなければ意味がないんじゃないかな。

MIKITTY WORDS

目の前の仕事を楽しむことで、
少しずつ
やりたいことができるように
なっていく。

本当に「会社を辞めたい。この仕事を辞めたい」と思ったら、辞めていいと思います。でも、そのときに、誰かのせいにはしないほうがいいと思うんですよね。だって、自分の人生じゃないですか。

どんな仕事にも、やりたくないことはあると思います。雇われているから、ということでもないと思う。起業しても、今度は自分でいろんなことをやらなきゃいけない。やりたいことにたどり着くまでに、やりたくないこともやらなきゃいけない。これは、会社員でも起業をしていても、私みたいな芸能人でも、変わらないと思います。

もう、楽しむのが一番。目の前の仕事を楽しむことで、少しずつやりたいことができるようになっていくと思う。働くって、きっとそういうこと。

MIKITTY WORDS

まわりの人の機嫌を取るために、
お給料をもらっているわけじゃない。
きちんと仕事をしていれば、
文句を言われる筋合いは
まったくない。

働きながら子どもを育てる……仕事と育児の両立は大変だし、子どもが熱を出したら保育園や学校まで迎えに行かなきゃいけないこともある。突然休んだりしたら、職場の人や取引先の人からの風当たりが強くなることも、あるかもしれません。

でも、まわりの人の機嫌を取るために、お給料をもらっているわけではないですよね。きちんと仕事をしていれば、文句を言われる筋合いはまったくない。

みんなそれぞれの仕事があって、休んだときは誰かがフォローをしてくれている。それを考えたら、休んだ日や早退したときは、次の日に「昨日はすみませんでした」って一言があれば、それで終わりでいいと思うんですよね。

もちろん、自分が誰かのフォローをするときもある。お互いさまですよね。**持ちつ持たれつ、でも頼りっぱなしにならないことが大事だと思う。**

自分の仕事が終わったら、「お疲れさまでした」と言って、さっさと帰っていいと思います。「あの人すぐ帰るよね」って言われても、気にしない。「あの人は定時に帰る人」って思われたほうが、楽じゃないですか。

自分がやるべきことをやりましょう。もちろん感謝の気持ちを忘れずに。

MIKITTY WORDS

断ったら、全部が
なくなるわけじゃない。
いまはできないけれど、
5年後にも頼みたいと
思われる私でいよう。

自分がやりたかった仕事の話が来たときに、家庭との兼ね合いなんかで、どうしても我慢せざるをえないことがあります。

そうなったとき、私はけっこうあきらめが早いというか。「しょうがないな」と思うんですよね。それと同時に、「いまはできなくても、手が空いたときに、自分がそれをできる自分としてレベルアップしていればいいだけ」って考えます。

いま断ったら全部がなくなるんじゃなくて、いまはできないけれど、5年後にも頼みたいと思われる私でいようって。

だから、**いまから過ごすこれからの時間、自分の中で積み重ね続けるっていうのを自分の中に持って実践する**ようにしています。そうすれば、マイナスにはならないって思うんですよね。

仕事はなかなか前には進めないけれど、自分としてはちゃんと前に進んでいるってことかな、と思います。

5年後に頼んでもらえる自分でいるためには、積み重ねしかない。次、頼んでくれたときに「あ、前よりいいじゃん!」って絶対言わせるっていう。「あきらめない」をテーマに生きていますから。根性です。

第３章

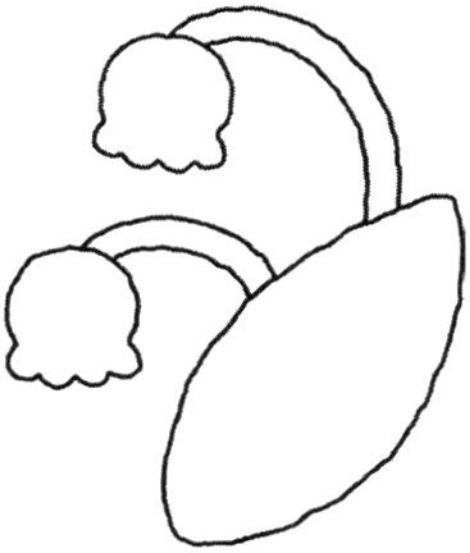

夫婦

その手しか、
つなぐ手はない

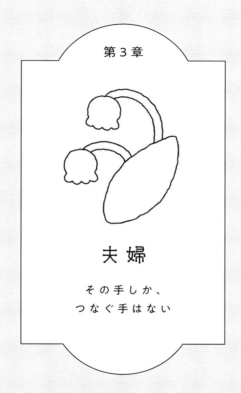

MIKITTY WORDS

その手しか、つなぐ手はない。

子どもがいても、変わらず旦那さんと手をつないでいます。でも、子どもが増えるたびに役割が増えていって、つながなくなる……。

そうなったら、家族で出かけたときは、片方は子どもと、片方は旦那さんとつなぎましょう。つなごうと思えば、つなげますよね。だって、旦那さんしか、つなぐ手はないんだから。久しくつないでいないと、もう誰のものなのか、わからなくなる。

子どものことも、旦那さんと協力して育てなきゃならないから、旦那さんとの関係を密にしています。私を楽にしてくれるのもこの人だし。旦那さんと一番仲よくしなきゃいけないし、協力しなきゃいけないし、共に戦わなきゃいけないから。

照れた時点でダメなんですよ。照れたら負け。手をつなぐこともそうだけど、チューもそう。**チューは儀式と同じ。しなくなったら、ずっとしなくなります。**今後の長い人生を考えたら、リハビリだと思って、常にしておきましょう！

MIKITTY WORDS

なんでもいいから、
ほめることからはじめる。
愛情表現をするの。
何を恥ずかしがってるんだ、
って話です。

「結婚したから、愛情表現はしなくなりました」じゃない。「もう、つきあいが長くて」とか、「子どもがいるから」とか、そういうことじゃない。それは言い訳です。

愛情表現をするのよ、あなたが。何を恥ずかしがってるんだ、って話です。

逆に言えば、つきあっていた頃のほうが、恥ずかしいことがいっぱいあったと思いませんか？

まずは、服装をほめる。「その服、いいね」とか、「その髪型、似合ってるね」「メイク変えたんだ。いいね！」とか、相手のモノや見た目をほめることからスタートしましょう。

「好き」とか「愛してる」とか言えるに越したことはないけれど、いきなりゼロから100にいこうとしないで、ステップを踏むんです。

なんでもいいから、ほめることからはじめたら、相手もほめてくれたりすることが増えるのかなとも思います。

いまさら、恥ずかしくてほめられないっていうのは、なしです。ずっと言ってこなかったからだと思うけれど……。いまからまた、はじめていきましょう。

MIKITTY WORDS

「言ってよ、言ってよ」だけじゃ、
言わないだろうなって思う。
愛してほしいなら、
自分も愛してあげるべき。

お互い大変なことも「ありがとう」って感謝の気持ちを伝えると、乗り越えられると思うんですよね。

私はよく旦那さんに「好きなの？　好きなの？」って聞いて言わせているけれど、やっぱりこっちも言わないといけない。「言ってよ、言ってよ」だけじゃや、言わないだろうなって思う。愛してほしいなら、自分も愛してあげるべき。

だから、そんなに重みがなくても、「好き」って言うようにしています。

言わなくなると、恥ずかしくなって言えなくなる。つきあっていたときはいつも手をつないで歩いていたのに、結婚して子どもが生まれたら全然手をつながなくなったりとか。

でも、それって男の人からしてほしいとかじゃなくて、自分からもすればいいと思う。そこに関して、男だから女だから、というのはなし！

MIKITTY WORDS

大事なのは、絶対的に「自分」。
自分の人生は、自分だけのものです。

相手が「浮気しているかも？」と思ったとき、家庭を壊したくないとか、子どもがいるからとか、いろいろな理由で知らん顔をしがち。

でも、自分のことを好きじゃない相手と一緒にいたところで、それは幸せなのか……は、ちょっとわからない。悩む時間も、もったいないし。


私なら、まずは証拠を集めます。相手が逃げられない状況を整えてから、「絶対、浮気してるよね」って攻め込みます。

嫌なのは、相手に振り回されて「あいつとは別れたから」とか言いつつ、実際はまだつきあっている状態。もうそれが一番ムカつきます。

「浮気＝即離婚」をすすめるわけじゃないけれど、離婚しても、どうにかなります。**自分の気持ちにふたをして続ける生活は、自分に対して失礼だと思うし、それは幸せではないですよね。**

自分がどうにかしないとどうにもならないから、よくなるか悪くなるかわからないけれど、行動しなきゃいけないときはある。

大事なのは、絶対的に「自分」。自分の人生は、自分だけのものです。

MIKITTY WORDS

しんどい気持ちを我慢して、
何もなかったことにする
っていうのは、できない。
「不安だし、ショック」
っていう話はしたほうがいい。

相手の浮気がわかったら、「ずっと好きでいてくれて、すごく信用していたのに、ショック」という話はしたほうがいいと思うし、相手はその話し合いに応じるべきだと思います、いつ何時も。「この間、話したじゃん」はないですよね。だって、不安にさせたのはそっちなんですから。

私はしつこく言いますよ。「私が不安になったら、言いますよ。でも、そうさせたのはあなただから。あなたがこの気持ちを毎回鎮めてくださいね」って。だって、あなたがそうしたから、みたいな。

みんな、なんでこそこそしているんだろうね。なんで見つけちゃうんだろうね。でもね、見つかるものなのよ。

再構築って難しいかもしれない。でも、相手の信頼できるような行動と言葉が積み重なってくれば、またもう一度信頼できると思うから。自分がしんどい気持ちを我慢して、何もなかったことにするっていうのは、できないですよね。

ただ、再構築するときに、言い回しはやっぱりちょっと考えなきゃいけないかもしれない。あんまり責めすぎても逆効果になるかもしれないから、「不安だし、ショックだった」と伝えるのがいいように思います。

MIKITTY WORDS

旦那さんのことを
ずっと「男」として
見なくてもいい。
だって、チームだから。

結婚していても、ほかの人に惹かれるってことはあるかもしれない。ただ、私は「浮気はしないほうがいいよ」という考えです。

長く一緒にいると、「旦那さんを男として見られなくなる」って言いますよね。でも、私は、パートナーである旦那さんをずっと男として見なきゃいけないかって考えると、別に男として見なくてもいいじゃない、と思います。だって、チームだから。

もちろん、男として見られる時間が長ければ長いに越したことはないですよね。だけど、たとえば旦那さんを男として見られないからほかの人が気になる……となって、その人とつきあったり結婚したりしたところで、結局はその人のこともいつかは男として見られなくなる……。

そう考えると、結果は同じなんですよね。

MIKITTY WORDS

お金の量と家事の量は、
イコールじゃない。
お互いにできることをする。

そもそも「夫婦平等」って考えるのは、やめましょう。

お金の量と家事の量は、イコールじゃないんですよね。稼ぐ額が少ないから家事を多くしなきゃいけないわけでもないし、稼ぐ額が多いから家事をやらなくていいというわけでもない。

やれることをお互いがやる。それぞれできることも違うし、働いている時間も違ったりする。そのときの状況に合わせて、臨機応変にやっていきましょう。

「全部折半なんだから、労力も折半でしょ」は違うと思う。相手にお願いするときは「じゃあ、それをお願いね」と言ってやってもらいましょう。

お金はどちらがどれくらい稼いでいるかに関係なく、**稼いだお金は自分の家の一つのお金。「私のお金」も「彼のお金」も、「家のお金」です。**「お前は俺よりお金入れてないから。だから、家事やれよ！」って言われる筋合いは、絶対にない！

家族は、ワンチーム。お互いにできることをして、持っている富は一緒にするという考え方でいてほしい、いたほうがいいんじゃないかなって思います。

MIKITTY WORDS

「収入が少ないから、ほかで頑張ります」

じゃないのよ。

「できること、やります」

じゃない。

よく『収入が少なくても家事や育児をする夫』と『収入は多いけれど家事や育児をしない夫』だったら、どっちがいいですか？」と聞かれます。でも、これって極論だなと思います。

そもそも「すごく稼いでいたら、何もしなくていい」みたいな考え方が、おかしくないですか？「収入が少ないから、ほかで頑張ります」じゃないのよ。「できること、やります」じゃない。

収入が上がるに越したことはないし、それは頑張り続けるべきだと思う。だけど、収入が多いから家事や育児をしなくていいっていう考え方を、まず捨てましょう。収入が多いときも少ないときも、できることをやるのがベスト。

家事や育児は対等なんです。二人で助け合って、子どもを無事に安全に、安心に育てることが目的なわけですよね。もちろん、家庭によって家事や育児の量の違いはあるでしょうけれど、ほかの家と比べるのではなく、自分の家のベストを見つけていく。

協力し合って、自分たちの幸せの形を見つけていきましょう。

MIKITTY WORDS

「すごくうれしい」「ありがとう」
を言うのと同時に、
家事や育児の大変さも伝えるべき。
言わずしてわかってくれ、
は無理なのよ。

友達と食事に行こうってなったとき、旦那さんの食事なんて、作らなくていいんですよ。大人なんだから。もちろん、作ってもいいんだけれど、それが当たり前だと思われるのは、やっぱりよくないなとも思います。

専業主婦だからとか、働いているからとか、共働きだからっていうのは関係なくて。家族という一つの形は、一人じゃなくて一緒に守るべきだと思う。**全部、自分が我慢してやることではないと思うんですよ。**

やっぱり、パパを育てる「パパ育」が必要。パパをほめて伸ばすのは、大事だと思います。

子どもが「パパと遊んで楽しかった」と言っても言わなくても、「すごく楽しかったって言ってたよ」と言えば、パパもうれしくなって「そんなに喜んでくれるんだったら、また連れて行ってあげよう」と思うじゃないですか。喜んでそれをやりたくなる環境を作ってあげるのも大事かなって思いますね、ママ側もね。

「すごくうれしい」「ありがとう」を言うのと同時に、家事や育児の大変さも伝えるべきだと思う。言わずしてわかってくれ、は無理なのよ。

MIKITTY WORDS

陰で言って済むことは、
陰で言っていればいいんです。
きっと、うちの旦那さんも言ってます。
でも、これは平和な解決方法です。

子どもがしたいと思っていることを旦那さんに伝えたときに、旦那さんが私に「○○が何々したいって言っているよ」と伝えてくるけれど、「え、私? 自分がそばにいるじゃん」って思います。「じゃあ、やってあげなよ」と思うので、そういうときは「やってあげてー」と言っています。

ほかには、「○○、うんちしてるみたい。におう」と言われたことがあって、そのときは「におうねー」と大きな声で返しました。で、「そう思ったら、オムツ替えたらいいじゃなーい」とも言う。思ったことは、口に出して言っています。

イラッとして言い返しても、しょうがない部分はある。でも、たまに見えないところで、「チッ」って言ったりすることはあります。それは許してほしい。それはきっと、うちじゃなくても、ママだけじゃなくてパパもあるだろうし。**全部が全部、「ムカつく」「なんだいまの」とか言い合っていたら、平和じゃない。**「チッ」って陰で言って済むことは、陰で言っていればいいんです。きっと、うちの旦那さんも言ってます。でも、これは平和な解決方法です。

MIKITTY WORDS

お互いの気持ちを
定期的にすりあわせる。
一回話し合ったことは
ずっと変わらない、
っていうわけじゃないから。
会話をいっぱいします。

円満の秘訣は会話することなのかな、と思いますよね。自分の思っていることもそうだし、子どものことで悩んでいることとか、考えていることもすりあわせる。お互いの気持ちを定期的に。

「こっちだな」と思って歩いていたけれど、「やっぱりこっちじゃないかも」と思うときってあるじゃないですか。

一回話し合ったことはずっと変わらない、っていうわけじゃないから、会話をいっぱいして、いろいろ悩んだことや疑問に思ったことは話し合っていく。それが、一番仲よくいられる方法かなって思います。

私からすると、いい夫婦かどうかは、どうでもいいことなんです。

誰かから「いい夫婦だね」って言われたら、そこはもう「ありがとうございます」って言います。ありがたいですが、喜んでいる暇がないくらい、悩みが次々と出てきます。子どものこととか、それはもういろいろ出てきます。

MIKITTY WORDS

1から100まで全部、夫婦でおさめなきゃいけないっていうことじゃない。

弱音や不満って、突然爆発させられても困りますよね。だから、**何が嫌だとか、こうしたいとか、不満に思っていたり、不安に感じていたりすることは、「じつはこうなんだよね」って、普段の会話の流れで常に言葉に出しています。**

どういうことで悩んでいるのかを、日ごろからお互い理解しておくのが、いいかなと思います。

もちろん夫婦でお互い頼る、頼られるのがいいけれど、悩みによって相談する相手を変えるのもありだと思います。近くにいる話しやすいママ友や、職場の同僚に相談するとか。

子育てのことは夫婦で話し合うけれど、「どうしたらいいんだろうね」ってずっと話し合っていても、二人の意見しかないじゃないですか。別の意見を聞きたいときは、ママ友に相談します。で、「この前、あの人、こんなことを言っていたんだよね」と言って、また夫婦で話し合う。

1から100まで全部、夫婦でおさめなきゃいけないっていうことじゃないのかな、と思います。

MIKITTY WORDS

私が描いているゴールは、
「子どもが幸せで、元気に、
立派に大人になる」こと。
そこに対しての私と旦那さんの
フェア度合いは、
どうでもいいんです。

男性も女性もフルタイムで働いているのに、まだまだしわ寄せは女性に来ますよね。**これはもう、社会的な問題。**

その問題はよくわかっているけれど、私自身は、子育てに関して旦那さんとフェアだとか、フェアじゃないとか、という考え方を、あまり持っていません。

私が描いているゴールは、「子どもが幸せで、元気に、立派に大人になる」こと。そこに対しての私と旦那さんのフェア度合いは、どうでもいい。どっちがどう関わっても、子どもたちが幸せであること、無事に成長することにしか、興味がないんです。

「平等じゃない」ってイライラするよりも、子どもが無事に安全に育つという目標を忘れないでいたい。そのうえで、お互い「できること」をして、何かあれば話し合って折り合いをつけていくことが、大事だと思います。

第4章

子育て

覚悟……
ありません

MIKITTY WORDS

「もうちょっと、きれいに書こうね」
より、
「ここ、こんなに上手に書けるんだから、
こうやって書いたらもっとよくない？」

たとえば、子どもに字の雑さを指摘するときに、「もうちょっと、きれいに書こうね」と言うと、ちょっと上から言っているような気がします。

子どもも「認めてもらいたい」と思っているから、「これでもきれいだと思うけれど、もっときれいに書けたらいいよね」というように、プラスのイメージを伝えることにしています。

「もうちょっと、きれいに書こうね」は、「あなたの字は汚いよね」と言っているようなもの。でも、「いまよりもっとよくしよう」だったら、同じ内容を言っていても、ポジティブな印象がありますよね。「ここ、こんなに上手に書けるんだから、こうやって書いたらもっとよくない？」みたいな。**「よくない？」の方向にもっていったほうが、子どもも「たしかに」って思える。**

押しつけというか、親からの「こうしたほうがいいよ」というアドバイスに対して子どもは、「ああ、はいはい」みたいな感じになってしまいがち。だから、いいイメージにつながる言い方をしたり、語尾を少し変えるようにしています。

ある程度、子どもの「いま」に合わせたほうが、スムーズにいくと思います。

MIKITTY WORDS

一緒に決めたゴールに関しては、
とことんつきあう。
「ほら、やればできるじゃん」
と言って終わりにしたい。

子どもには、「できた！」っていう成功体験を積んでもらいたい。だから、何かをするときにはラクに超えられるゴールよりも、ちょっと頑張らないと超えられないゴールを設定します。

たとえば、なわとびだったら「今日はこの『回して飛ぶ、回して飛ぶ』が上手にできるまでやろうか。トントントンは飛べないけれど」と言って、ちょっとしたゴールラインを決めます。そのとき、子どもに納得感を持って挑戦してほしいので、必ず子どもと相談してゴールを決めるようにしています。

とはいえ、「ここまでできたら」と言っても、それもやっぱり超えるのがなかなか大変。でも、一緒に決めたゴールに関しては、とことんつきあいます。

それは、**「決めた目標」まではあきらめないこと、「やればできる」ことを、子どもにわかってもらいたい**から。できなかったことをできるようになって、「ほら、やればできるじゃん」と言って終わりにしたい。大事にしていることのひとつです。

MIKITTY WORDS

ダメなものは、
どこに行ってもダメ。
「いつもはダメだけれど、いまはいい」
となったら、
混乱するんじゃないかな。

「ダメなものは、どこに行ってもダメ」は、わが家のルールのひとつ。

ある程度約束事が守れる年頃になってきたとき、たとえば「ごはんは座って食べよう」と約束したら、家でも外でも守らせます。

外で食べているときに、よその子がうろうろしながら食べたり、立って食べたりしていても、それは、そのおうちの判断。でも、うちは「座って食べる」というルールがあるので、絶対に守らせます。

子どもに「ちょっと言えば、『ダメ』が『いい』に変わるかも」と思われたくない。

それに、「いつもはダメだけれど、いまはいい」となったら、子ども自身が混乱するんじゃないかな。

だから、「ダメなものは、どこに行ってもダメ」ということにしています。

MIKITTY WORDS

どんな小さなことでも約束したことは絶対守ります。

たとえば、子どもと「これができたら、これをしよう」って決めたとき、これを「できる」ようにするのは子ども、これを「しよう」と言うのは私なんですよね。子どもがやって、できたのに、私が「今日はちょっと時間がないから、○○できない」「明日ね」っていうのは、なしです。

子どもができるまでつきあいますし、ご褒美になるかわからないけれど、約束したことは絶対守ります。それは、どんな小さなことでも。

子どもは親のことをよく見ていますよね。子どものお手本に、とは思っていないけれど、**「言ったことはやる」姿勢は見せていきたい。**

MIKITTY WORDS

話し合って、
二人の意見をまとめて。
そのあと、
報告しに来てください。

兄妹喧嘩になっても、介入しません。子どもたちに、「二人で話し合って。で、二人の意見をまとめて、報告しに来てください」と言います。これはもうずっと変わらない、わが家のスタンスです。

子どもたちに、それぞれ悪かったところを話し合ってもらいます。「〇〇だから、僕がダメだった」「私はこういうところがダメだった」とか。

それでも納得できなくて「僕は悪くないんだよ」と言いに来ることもありますけれどね。

MIKITTY WORDS

それがあなたの仕事ですよ。

子どもって「今日、学校に行きたくない」とか言うときがありますよね。でも、連れて行くんです。私は絶対に連れて行きます。

たとえば、それがいじめだとか、原因がはっきりしているんだったら、それを解決するまでは行かない、というのはありです。

そうじゃなくて「今日、眠いから行きたくない」「行きたい気分じゃない」みたいなことは、許されないじゃないですか。行きたくないって言うけれど、それがあなたの仕事ですよね？

眠いんだったら前の日にちゃんと寝ようねっていうのも、学習のひとつかなと思います。

MIKITTY WORDS

ひとつのことをやめたから、
子どもが挫折を覚える
ってことでもないと思う。
習い事を一度はじめたら
極めなきゃいけないって、
それはそれでつらくないですか？

子どもが習い事を嫌がった場合——たとえば、バレエひとつとってもいろんな教室があるから、その教室がそもそも合っているのか、という問題がありますよね。厳しい教室もあれば、ゆるい教室もある。そこの環境が、合っているのかなとも思う。ほかには、先生が苦手とか、友達が意地悪とか、何か理由がある。でも、特に理由はなく、面倒くさいから行きたくない、みたいな場合もあるじゃないですか。それだったら、泣いていても連れて行きます。面倒くさがれば行かなくて済む、というのが、よくないと思うので。

なんで嫌なのか、そこを見極めることからはじめます。何が嫌なのか聞いたり、習い事をしているときの様子をよく見たり。

ただ、ひとつのことをやめたから、子どもが挫折を覚えるってことでもないと思う。習い事を一度はじめたら極めなきゃいけないって、それはそれでつらくないですか？ 極めたいものは自分で極めるだろうし。**親が習い事をさせるのって、子どもの好きなもの探しっていうか、何かのきっかけになればいい。**全部が全部、極めるまでやめさせない、というのも違うかなと思いますね。理由があって嫌がっているのなら、違うものを習わせたらいいいんです。

MIKITTY WORDS

子どもは、
親がどんな思いで
連れて行っているかなんて、
わかっていない。
でも、私は言っています。
「行けるのが、当たり前だと思わないで」
みたいな。

子どもの頃は、家族旅行とか、どこに出かけても親の大変さがわかっていなかった。でも、親の立場になると、車を出して、しかも全員の食事代がかかり、入園料がかかり……親って、頑張っているなと思います。

ただ、当たり前だけれど、そういうのは子どもに言ってもわからない。でも、私は言っています。「行けるのが、当たり前だと思わないで」みたいな。

子どもは与えられたものがすべてで、「あ、そうなんだ」って呑み込むだけ。たとえばスノボだって、行かなきゃ行かないで、別にいい。でも、親としては楽しいかなと思って連れて行ってあげているんですよね。

親と子どもの、そのあたりの気持ちが交わることは、一生ないかもしれない。でも、なんでもやってもらって当たり前とは思ってほしくないなと思っています。

ただ、子どもがそれを理解できるのは、ずっと先のこと。**やっぱり、自分でお金を稼がないと、してもらっているありがたみは、わからない。**

MIKITTY WORDS

子どもに強く当たったときは、
反省すればいい。

でも、子どもにとっては、

「お母さん、疲れてるんだな」

を見極める練習になると思う。

子どもに強く当たることも、あると思います。強く当たったときは、反省すればいいんです。だけど、子どもにとっても「お母さん、今日はちょっと疲れてるな」ということを見極める練習だと、私は思っています。

だから、「いま、お母さん、機嫌悪いな」とか、「ちょっと疲れてるみたいだから、いま、わがまま言っちゃいけないな」っていう、空気を読む練習をしていると思ったほうがいい。社会に出てから、役に立ちます。

あんまり言っていないんですけれど、私は4人兄妹で、シングルマザーで育っているんです。で、お母さんが、すごく疲れていたの。そりゃそうですよね。

お母さんが疲れていることは、子どもも知っているんです。お母さんが頑張ってくれていることも、わかってる。

機嫌が悪そうだなと思ったときは、「いま、この話をするのは、やめておこう」と思うんですよね。4人目として、すごく空気を読めるようになりました。いまとなっては、その経験をできたことは、すごくよかった。

シングルで育ったからこそ幸せになろうぜ、と思って生きています。

MIKITTY WORDS

子どもがいても夫婦喧嘩はします。
そうやって空気を読むということを
私も覚えてきたし、
覚えていくのかな。
家庭は一番身近な社会で、
修行の場だとも思う。

子どもに気は遣いません。たとえば、ゲームでわざと負けるのは、なし。ほかには、子どもがいても夫婦喧嘩はします。そうやって空気を読むということを私も覚えてきたし、覚えていくのかなと思います。世の中、きれいなことばかりじゃなくて、理不尽なことのほうが多かったりするので。

それこそ、親の不機嫌が原因で怒られてしまうのは、子どもにとっては本当に不愉快だと思う。だけど、社会に出たら、上司が不機嫌でわけのわからないことで怒られる、みたいなこともあったりするので。

たとえば、ママは今日機嫌が悪いんだっていう日もあるし、夫婦喧嘩の場合は、子どもたちに理由を説明します。「とーたんは、あなたたちに怒っているわけじゃない。ママが○○で悪かったから、怒っている」という話をします。すごく説明する。だから、なんで怒っているかわからないということがあんまりないので、子どもたちも、喧嘩を見てもそんなに怖くはないんじゃないかなと思いますね。

「ちょっと今日、空気重いな」と思いながらも、生きていかなきゃいけないわけじゃないですか。家庭は一番身近な社会で、修行の場だとも思う。**子どもたちには、どこに行っても、何があっても対応できる人になってほしい。**

MIKITTY WORDS

子どもは泣いてもいいと思う。
子どもが泣くことが
問題なんじゃなくて、
泣いたときの親の対応が
問題になるんですよ。

海外旅行に行くときは、初めて見るおもちゃを買ってそれで時間を稼ぐこととかもあるけれど、赤ちゃんの時期だと、できることって少ないと思うんですよね。

子どもは泣いてもいいと思う。

子どもが泣くことが問題なんじゃなくて、泣いたときの親の対応が問題になるんですよ。泣いているからしょうがないじゃんっていう態度じゃ、やっぱり周りの人だって嫌だと思う。小さい子どもがいる人は、まずは謝りましょう。

子どもがいる人は、電車やバス、飛行機に乗っちゃいけません、ってことではない。でも、もし文句を言われたら、「すみません」と謝ることだけはちゃんとするべきだと思います。それ以上言われても、その人とはもう二度と会うことがないから大丈夫。嫌な思いをすることも、あるかもしれないけれど。

泣いてしまったときは「すみません」、降りるときには「お騒がせしました」って言えばいいんですよ。気にしすぎなくて大丈夫。

MIKITTY WORDS

子どもを見ていないことを
指摘するよりも、
問題が起きていることを伝える。
見ていないときに
事が起こってしまうことだってある。
それは、お互いさま。

子ども同士のトラブルへの対処法って、子どもの年齢によって違いますよね。たとえば公園で子どもを遊ばせているときに、よそのお子さんに何かをされたら、親に注意はしないけれど、その子には注意します。親が近づいてきたら、「こういうことがあったんで、いま、こういうふうに話していたんです」と、事実を伝えます。親に「ちゃんと見てなさいよ」と言うのも、ちょっと違うのかなと思う。子どもを見ていないことを指摘するよりも、問題が起きていることを伝えると、だいたい納得してくれます。

場合によっては、見ていないときもありますよね。私だってそう。見ているつもりでも、たとえばママ友としゃべっていて、見ていないときに事が起こってしまうことだってあるから。それは、お互いさま。

年中や年長ぐらいになったら、友達との喧嘩は起こってもいいのかなと思う。**おもちゃを取った、取られたとかすることで、学べることがあるじゃないですか。**「取られたら、嫌だよね。貸してくれなかったら、嫌だよね。貸してあげようね。貸してあげたら喜ぶよ」とか、その学びの場が公園だったり、児童館だったりするんだと思います。

MIKITTY WORDS

「うるせえ、クソババア」

って言われても、
なんとも思いません。

「だから何？」

「はいはい、思春期ね」

みたいな感じです。

子どもに「うるせえ、クソババア」って言われても、なんとも思いません。「だから何？　それで、こっちが止まると思うなよ」「はいはい、思春期ね」みたいな感じです。「クソババア」って言う時間が無駄だなと思う。言ったところでどうにもならないことは、もう言わないでほしい。改善できないから、どうにもならないでしょう、と思います。

子どもに何か言われても、ムカつくことはあるけれど、キレないって決めています。

子どもって、ムカつかせようとしているところがありますよね。「クソババア」もそうだけれど、「産んでくれなんて頼んでない」とか。

もし、そう言われたら、「もう出てきたんだから、それ言ってもしょうがなくない？　戻れます？」と返します。「ママ、何を言われても傷つかないから、言っても意味がないよ。やめたほうがいい」と言ったこともあります。

こういう仕事をしているからか、言われることに慣れているんですよね。嫌なことはさんざん言われてきたけれど、そのたびに「だから何ですか？」って思うくらい。

何を言われても、私自身は何も変わらない。急にババアにもならない。だから、本当になんとも思わないんです。気にする必要ないですよ。

MIKITTY WORDS

「教えなきゃいけないことを、教えている」
っていうこと、
「ちゃんと愛してるんだよ」
っていうことを伝える。

ガミガミ怒るっていうのは、もうママのあるあるだと思うんですよ。怒ったあとで、反省したり涙も出たり……自己嫌悪になっちゃうみたいなこともありますよね。

怒るのと同時に、愛情表現もやっぱり必要だなと思います。たとえば、怒ることが多くて、最近あまり愛情表現ができていなかったら、「教えなきゃいけないことを、教えている」っていうこと、「ちゃんと愛してるんだよ」っていうことを伝える。それができていれば、基本的には親子関係って大丈夫だと思うんですよね。

たとえば子どもが、パパや兄弟に「ママはあんまり僕のことが好きじゃないのかな」と言うようなことがあったら、愛情表現をより強くするのがいいんじゃないかな。

子どもが小学生だったら、一度腰を据えて話してみるっていうのもいいかもしれないですよね。どういうところでそう思うのか聞いたり、「お母さんはこういうふうに考えてる。でも、怒りすぎてることもあるから、それはごめんね」って伝えたり。

伝えて話し合って、謝ったり謝られたりで愛情を伝えるのが大事なのかな、と思います。そうすれば、子どもも「あ、見ててくれてるんだな」と感じるんじゃないかな。

MIKITTY WORDS

「こういう子になってほしい」
っていう方向性を決めて、
一生懸命育てる。
目の前にいる息子を、
ただただかわいがれば、
その未来は自然と
やってくるかなと思います。

子ども、特に男の子は、いつか自分の手を離れる。息子と孫は、嫁のものだと思ったほうがいいかな。だからこそ、そばにいる間はすごく愛情を注いであげたい。なんでも「お母さ〜ん」って来るようなマザコンは嫌だけど、いつもどこか心の片隅にはお母さんがいて、「お母さん元気かな」「たまにはちょっと電話してみようかな」と思ってもらえるような、いい具合のマザコンに育てたいなって思っています。

結局、男の子って、お母さんが大好きなんですよね。その関係性を自分が築いていけばいい。「こういう子になってほしい」っていう方向性を決めて、一生懸命育てる。目の前にいる息子を、ただただかわいがれば、その未来は自然とやってくるかなと思います。

息子が結婚したときには、嫁と仲よくしたい。孫を見たいいし、もちろん息子にも会いたいし、自分の息子を愛してくれる奥さんもかわいがりたい。「**嫁をかわいがる**」、**これが一番大事なのかもしれません。**

MIKITTY WORDS

大変なことだけに
フォーカスを当てると、いっぱいある。
でも、楽しいことに
フォーカスを当ててても、いっぱいある。

子育ての覚悟……ありません。

いつかきっと無事に育って大きくなって、「あー、よかった」って思える日を想像しながら毎日頑張るって感じです。

大変なことだけにフォーカスを当てると、いっぱいある。でも、楽しいことにフォーカスを当てても、いっぱいある。それは、子どもを育てた人が味わえることだと思う。大変なこともちろんそうだし、幸せなこともたくさん味わいたいなと思っています。

子どもを育ててわかったのは、「私がやらなきゃ誰がやるんだ」という気持ちで、親は育ててくれたんだ、ということ。感謝しかありません。

第５章

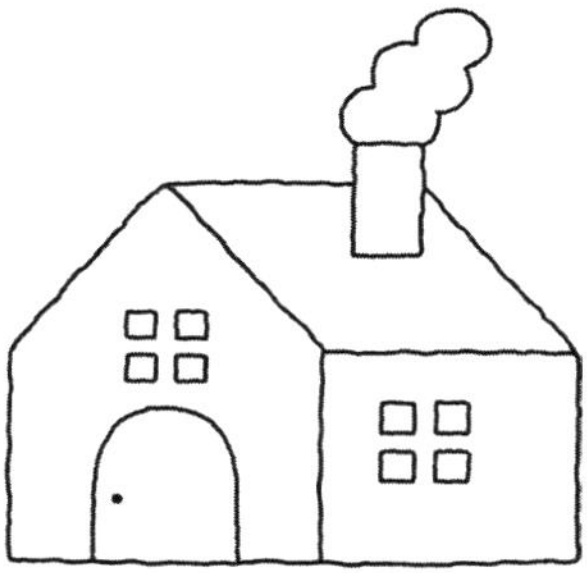

暮らし

１日、２日、
休んだっていい

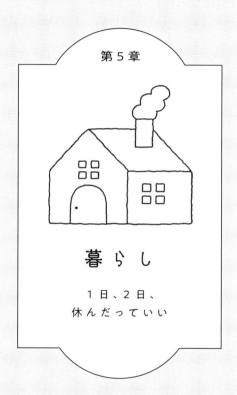

MIKITTY WORDS

家事は私がやっています。
それは、得意なほうが
やればいいと思っているから。
でも、やってほしいことは
「○○をやってね」と言って、
やってもらっています。

「何か手伝うことがあったら言って」

これを言われるとムカつく人も多いみたいだけれど、私はわりと平気です。言われたら、「じゃあ、これやって」って言いますから。「手伝うって何？」とは、たしかに思います。でも、勝手に動かれても困るから、やっぱり何を手伝うか聞いてもらうのが、手っ取り早いのかな。

わが家の場合、家事は基本的に私が全部やっています。でも、たとえば旦那さんが朝お風呂に入っていたら「ついでにお風呂洗っておいて」って言います。

これを「なんでお風呂入っているのに、掃除しないんだろう。普通、洗うよね？」と思っても通じないし、洗ってくれないとイライラするじゃないですか。だったら、具体的に言うほうが早い。

私が家事をするのは、そのほうが早いから。家事は、得意なほうがやればいいと思っています。でも、やってほしいことは「〇〇をやってね」と言って、やってもらう。わが家にはこのスタイルが合っていると思います。

MIKITTY WORDS

できることは、やる。
できないことは、やらない。
それだけです。

役割を決めると、「私はちゃんとやっているのに、あなたは全然やっていない」とか言いがちになってしまうと思います。だから、**わが家はあえて役割は決めず、そのときにできるほうがやる、というスタイルです。**

できることは、やる。できないことは、やらない。それだけです。

あとは、お互い細かいことを言わないようにしています。

以前、私が「電気つけっぱなしだったよ」と言ったとき、「え、そっちもつけっぱなしのとき、あるけど。言わずに黙って消してるよ」って言われたんですよね。

そういうことを、チクチク言っていたらキリがないなあって思って。絶対にやらない、というわけではないので、細かいミスはお互いのミスにしたほうがいいんじゃない？というのがわが家の結論です。

MIKITTY WORDS

経験値の差は、解消できない。
でも、任せないと、
できるようにはならない。

家事や育児は、女の人に比重がかかりがち。これって、家事をやってきた回数が違うんだと思います。経験値の差は、解消できない。

子どもが一人目のときは自分で全部できるし、私が頑張れば回せると思って、全部やっていたんですよね。

でも、二人目三人目となると、もう自分だけじゃ手が回らなくなってくるので、旦那さんにお願いすることも増えました。旦那さんも「これ、できるな」と思うことをやってくれるようになって。いま思えば、一人目のときから任せればよかった……。

たとえば子どもの寝かしつけも、「すぐ子どもが寝なくてもいい。いつかは寝るんだし」と思ってお願いするとか。すごく泣いたとしても、泣き疲れて寝るだろうと思いますよね。ちょっとこっちの修行にもなってきますけれど、あきらめて任せてあげたら旦那さんももうちょっと自信を持ってできたのかなって、思うことはあります。

全部一人で背負わないで、いますぐ任せるのが大事です。任せないと、できるようにはならないんですよ。

MIKITTY WORDS

小さなことは、直らない。
そこでイライラするくらいなら、
さっさと片づけましょう。
イライラしたり、
悩んだりする時間が、もったいない！

一緒に生活すると、ちょっとしたことが気になりませんか。靴下が脱ぎっぱなし、ドアが開けっぱなし。でも、何回言っても直らない……。

これはね、私すごく思うんですけれど、直らない。こういう小さいことは、直りません。たとえば、靴下がソファーに埋めてあったりとかして、「ああ、靴下ここから出てきたな」と思って片づけています。ほうっておいてもいいんですけれど、イライラすることを考えたら、片づけたほうが早い。

そんなことで悩む時間が、もったいないじゃないですか。結婚するまでは、靴下をほうっておいても、たぶん、お母さんが片づけてくれていたんですよね。そういう家で育ったんですよ、きっと。

こういう小さなことは、本当に直らない。だから、「ここが嫌」「あそこが嫌」って数えてもしょうがない。**我慢するのではなく、自分の気持ちや時間を大事にする。そっちを優先しましょう。**

小さなことには目をつぶる。だけど、トラブルや、本当に大変なことが起きたりしたときには、きっと支えてくれるだろうと信じています。

MIKITTY WORDS

コンロの周りを拭いてくれなかったとしても、
料理を作ってくれた事実は
あるわけじゃないですか。
そこはまず「ありがとう」と言いましょう。

「旦那が家事しない」って言いながら、やったらやったで不満が出る。男性からすれば、「もう、どうしたらいいんだよ」となってしまう……。

たとえば、食器洗いでも彼らは「食器を洗う」という目的に向かっているから、仕上がりは二の次。でも女の人って、仕上がりが大事じゃないですか。難しいですよね。たとえば、洗っているときに隣にいて、「ちょっとヌルヌルしてるよ」「ここ、洗えてませんね？」みたいな、ちょっとふざけたような言い方をするとか。でも、**伝えたからって、できると思わないほうがいいっていうのは大前提だと思う。**

料理も「俺が作ったら楽かな」と思って作ってくれるんですよね。彼らにとっては、作ることがゴールなんです。でも、女の人にとって料理を作ることには、食器を洗うとか、ガスコンロの周りを拭くとか、そのあたりの作業も入ってくるんですよね。

意見の押しつけは、やめましょう。解決しませんから。洗ってくれたらラッキー、拭いてくれたらラッキーって思うしかない。

でも、コンロの周りを拭いてくれなかったとしても、料理を作ってくれた事実はあるわけじゃないですか。そこはまず「ありがとう」と言いましょう。

これはもう、旦那育てだと思って、コツコツやっていくしかないですよね。

MIKITTY WORDS

相手が「覚えているもの」だと思うから、
こっちがイラッとする。
だから、覚えていないものだと思って、
忘れさせないために逐一言います。

男性って、いろいろなことを一度にできないかもしれない。こっちがいろいろお願いしたことって、あんまり入っていかないのかな、と思います。

だから、「言ったのに、なんで?」と思わないようにしています。それが本当に大事なことである場合には、忘れられたらさすがに怒ります。

たとえば、ゴミ捨てをお願いしたのに、してくれていない……くらいでは、怒りません。もちろん「捨ててないよ。全然聞いてないな」とは思いますけれど。

そういうときはもう、しつこく言う。外に出るときも「ゴミ捨ててよ」って言いますし、外に出たときも「ゴミ捨ててくれた?」って聞きます。

相手が「覚えているもの」だと思うから、こっちがイラッとする。だから、覚えていないものだと思って、忘れさせないために、逐一「ゴミ、捨ててね」って言います。

相手が何も言い返してこないときは、こっちの言うことをなんでも呑み込んでくれているこ とをいいことに、調子に乗らないようにするのは、大事なことだと思う。

やってくれたことに対しては、ちゃんと感謝する。夫婦だからこそ、常に思いやりを持って接したいと思います。

MIKITTY WORDS

お惣菜はお惣菜の手柄ですから。
あの半透明の容器で出して、
食べ終わったらそのまま捨てます。

「もう、今日はお惣菜の日です」と言って、お惣菜を買ってきて、パックのまま出して割り箸で食べる日があります。

自分が作ったかのように、きれいにお皿に移し替えて、みたいなことはしません。お惣菜はお惣菜の手柄ですから。あの半透明の容器で出して、食べ終わったらそのまま捨てます。


頑張れないときは、無理をしない。私だって、人が作ったごはんが食べたい。**自分の身を守るために、お金や時間を使うときがあってもいいのかなと思います。**

そのときそのときで、その家庭に合った手の抜き方とか、できる贅沢も違うと思うけれど、できることからやってみる。やっぱりママが笑顔でいるっていうことは、子どもにとって、すごく大事だと思うから。

ちなみにお惣菜のほかにには、テイクアウトだったり、材料が切ってあって炒めるだけみたいなミールキットだったり、そういうのをフル活用して日々生きています。

いまは、レトルトも、いろんな種類があるじゃないですか。防災用と思って買い置きしておくといいですよ。米さえ炊けば生き延びられる、みたいな。

MIKITTY WORDS

お店じゃないんだから、
メニューなんて考えなくていい。
作る私が、今日何を食べたいか、
魚なのか、肉なのか
っていうところで決めればいい。

毎日の献立を考えるのが大変って、よく聞きます。

姉は1週間分の献立を考えて、紙に書いて買い物に行くんですよね。でも私は、献立は考えないで買い物に行きます。

だいたい、その家で使う野菜とか肉とか魚って、決まっているじゃないですか。

私は、わが家の主要メンバーを買ったあとに、その日の気分で献立を決めます。

そもそも、お店じゃないんだから、メニューなんて考えなくていいんだと思う。作る私が、今日何を食べたいか、魚なのか、肉なのかっていうところで決めればいいと思って、作っています。

あとはもう、**出したものに文句は言わせません。**

MIKITTY WORDS

「落ちているものは捨てます」と言って、
捨てたりもします。
子どもに「ない！」と言われても、
「落ちていたから捨てたよ」って返します。

脱ぎっぱなしとか、出しっぱなし、旦那さんも子どもたちもやりがちです。
ほんとイライラするんですけれど、「落ちているものは捨てます」と言って、捨てたりもします。子どもに「ない！」って言われても、「落ちていたから捨てたよ」と返します。ほかには「片づけなかったら捨てちゃうよ。大事にしていないから、いらないでしょ」と言ったりもしますね。

脱ぎっぱなしはもう絶対拾いたくない、って思うときもあったんですよ。旦那さんもそうだけれど、子どもたちのものも。でも、拾わないでいると、それもストレスになったりするんですよね。靴下がずっとあちこちにあるのは嫌だから、まとめておいて、「お風呂入るときに持って行って」と言えば、持って行くようにはなりました。

旦那さんにも子どもたちにも、「自分で拾って歩いて持って行ってよ」と言うのは、時間の無駄な気がする……。結局、**ある程度助けてあげたほうが、自分の心もクリーンでいられる気がします。**

「落ちてんじゃん」って思いながら生活するよりは、とりあえず集める。でも、私は持って行きたくないから、言って持って行ってもらう。これでイライラが半減するから、このやり方がいいのかなって思います。

MIKITTY WORDS

雑菌に脅かされている場合じゃない。
生活、かかってるんです。
タオルの雑菌ぐらいとは、
共存していきます。

人数分のバスタオルは出していないかも。毎回洗っているとキリがないし、延々とタオルばっかり洗っているみたいになるから。

びしょびしょになって、すごく濡れているなあと思ったら、足拭きマットとかタオルを全部まとめて洗います。

「雑菌が……」とか言いますけれど、私は雑菌には負けないからいいの。そんな、雑菌に脅かされている場合じゃない。生活、かかってるんです。口に入れるわけじゃないし、もういいやって思っています。タオルの雑菌ぐらいとは、共存していきます。

ベッドのシーツも週に一度は替えていません。週に一度替えられるほど暇じゃないし、替えなくても死なないし。子どもが大きくなったら、自分で替えさせるつもり。

みんな自分のことを「ズボラ」だって思っているかもしれないけれど、そんなことない。家事の教科書みたいなのが完璧すぎるんだけれど、それをやらないとちょっと恥ずかしい人みたいに思われがち。でも、ズボラでもいいんですよ、死ななきゃ。

MIKITTY WORDS

裏返しになっている洗濯物は、もうひっくり返さない。

子どもの服は畳まないで、ほとんどはかける収納にしています。干しているところから持って行けるようにしています。

結局、畳んでも、子どもってきれいに取れないから。裏返しになっている洗濯物も同じ。ひっくり返さず、そのまま片づけます。

これは、もう大人の男性にも言いたいんですが……洗濯したものを、こちらが頑張ってきれいに収納しますよね。そんなとき、上から3枚目が取りたいと思って、引っ張って取りがち。

いや、ちょっと待てと。「持ち上げろ、2枚目をしっかり持ち上げて取って、きれいに戻して」って思うんだけれど、無理に引っ張るから、下のものが出てくるわけ。もう、あれがね、すごいストレスです。

MIKITTY WORDS

待ち遠しい9月を待って、
もうほんと割り切って、
理想は捨てて過ごします。

夏休み、地獄の40日。始まったらもう終わりが来ないんじゃないかってちょっと思いますけれど、必ず終わりは来ます。

休み中、旦那さんにしてもらいたいのは、子どもだけ連れて公園とかに行ってくれること。家事をしてほしいというよりも、子どもを連れ出してくれれば、家事はママがやったほうが進むじゃないですか。スムーズに家事をこなせないっていうのが、ストレスだったりするんですよね。

あとは、耳が本当に疲れる。**うるさいときは「はい、2分瞑想します」と言って、タイマーをかけてみんなで目をつぶります。**もう2分でもいいから、耳を無音にさせてって思うのよ。

待ち遠しい9月を待って、もうほんと割り切って、理想は捨てる。家はきれいであるべきだとか、ある程度の大枠はあるとしても、夏休みは厳密なルールを捨てて、動じない40日を過ごせるように心がけたいと思います。

そして、その待ち遠しい9月が来たときには、自分をほめたたえるよね。すぐ、ママ友とランチします。その地獄の40日を思いっきり楽しみましょう。思いっきり楽しんだ人に、思いっきり幸せが来ると思う。

MIKITTY WORDS

疲れたときは、やらない。
家事なんて別に
1日、2日、休んだっていいんですよ。
問題ない。

家事育児で心がけているのは、疲れたときはやらない、ということです。

仕事はやらないってわけにはいかないけれど、家事なんて別に1日、2日、休んだっていいんですよ。問題ない。

1日くらい掃除機をかけなくても大丈夫だし、洗濯をしなくても着る服はありますよね。どうしても今日やらなければならないことはやるけれど、そうじゃないことは明日にしても大丈夫。

大事なのは、自分の体と心の健康。

背負いすぎたり、頑張りすぎたり、悩みすぎたりするんじゃなく、とにかく心を強く持って生きていきましょう。

第6章

人間関係

ずっと
友達じゃなくてもいい

MIKITTY WORDS

学生時代の友達が
ずっと友達とは限らない。
友達は変わっていっていい。
ずっと友達じゃなくてもいいんです。

たとえば、子どもがいると、どうしても子どもに合わせることが多くなりますよね。そうなると、子どもがいない友達とは生活リズムが全然違ったりする。特に女の人は、結婚、出産、子育てなどライフステージによって、けっこう変わってきてしまう。

でも、友達は変わっていっていい。みんな、それぞれの状況や価値観があるから、当然ズレも出てきますよね。そのときそのときで、自分にとっての友達っていうのがあると思う。

ずっと友達でもいいけれど、ずっと友達じゃなくてもいい。
友達との関係に「あ、なんかちょっと違うかな」と思ったら、まずは自分の変化を受け入れる。すぐに「友達をやめる」って考えるんじゃなく、「関係性が変わってもいい」と自分が思うこと。変わったらひどい人、っていうわけじゃないから。
人生のステージによって、つきあう人、出会う人もいっぱいいるんだから、距離を置いたり、さよならしたりする人もいて、当たり前じゃないですか。

友達って、無理して会うものじゃない。

MIKITTY WORDS

「合う」と思っていること自体が、
間違いなんじゃないかな。
合わせようって努力をするから、
うまく回る。

そもそも、誰に対しても同じような感覚を求めていないんです。私は私、あなたはあなた、だと思っています。

人は感覚が違って当たり前だと思うし、よっぽど合わない人とは距離を取ればいいだけ。別に無理して合わせるものでもないし、合わないなら合わないなりに、そういう人もいるんだなと思って、私はつきあっています。

ただ、仲のいい関係でいたいなら、やっぱりお互い、感覚を合わせようっていう気持ちは大事だと思う。

人間関係って、自分を軸に考えるから、悩むような気がします。

そもそも「合う」と思っていること自体が、間違いなんじゃないかな。合わせようって努力をするから、うまく回るのかなと思いますね。どうしても合わせる努力をしたくない場合は、そこから引くしかない。

MIKITTY WORDS

だいたいは、
天気の話からはじめればいい。
お互いの話じゃなくて、
子どものことを
話していればいいんです。

「ママ友と何を話せばいい？」ってよく聞かれるんですけど、いっぱいありますよね？たとえば、「寒いですね」とか、天気の話からはじめればいいんですよ。「いやー、最近すごく寒いですね。朝起きられないですよ」からはじまって「何時ぐらいに、お子さん起きていますか？」とか。早かったら「すごく早いですね」、遅かったら「それで準備間に合いますか？」とか。私、永遠にしゃべれる。ほかには、子どもが持っているものを見て、「あれ、かわいいですね。どこで売っているんですか？」とか。自分の気持ちをしゃべり続けることは難しいけれど、キャッチボールだから。質問して、それに答えてもらって、それに対して質問して、っていうのが会話ですよね。

子どもを挟んだら、永遠にしゃべれる。何をしゃべったらいいかわからないって思う人は、考えすぎちゃうんですよね、きっと。そんな意味のある会話なんてないから。**重く考える必要なんか全然ないし、誰も重い会話は求めてないし。**

お互いの話じゃなくて、子どものことを話していればいいんです。でも、子どもの話から仲よくなって、関係が深くなったら、自分の話とか、お互いの家族の話をしたりするのかなと思います。

MIKITTY WORDS

「察してほしい」は、
面倒くさいし、回りくどい。
はっきり言うほうが、
お互いのストレスが少なくなる。

直接言えばいいことを言わないで、「察してほしい」感情を出されることって、あると思います。

でも、これは本当に面倒くさいし、回りくどいし、嫌になってしまう。

私は基本的に、「とりあえずやってみよう」と思って生きているので、「察してほしい」ではなく、はっきり言います。そのほうがスムーズに事が進むし、お互いのストレスが少なくなると思うんですよね。

違う人間なんだから、相手の考えていることはわからないじゃないですか。**お互いが嫌にならないためにも、言ったほうが誤解がないと思うんですよね。**

MIKITTY WORDS

どっちが先に謝るかは
問題じゃない。
目的は、仲直りをすること。

喧嘩をしたら、どっちが先に謝るかにこだわる人がいますけれど、それは本当に意味がないと思う。目的は仲直りすることだから。

どっちが先に謝るかよりも、その後、何が嫌だったかを話し合うことのほうが大事ですよね。だから、どっちが先に謝ってもいいし、相手が謝るまで謝らないのは、時間がもったいない。

喧嘩をするのは、お互い「わかってほしい」気持ちがあるからじゃないですか。先に謝ったら「損」みたいに思わず、さっさと謝って、いい関係を築いていくほうがよっぽどいい。

最終的には、お互い謝るんです。自分とは違う人なんだから、完璧にわかりあえるはずがないんですよ。

MIKITTY WORDS

嫌なことを言われても、
同じレベルのステージには
立ちません。
気持ち的に上の立場になって、
受け止める。

「一人だと、気楽でいいよね」とか、言わなくてもいいことをわざわざ言うのは、ちょっと嫌だなと思うんです。結婚していてもしていなくても、子どもがいてもいなくても、それぞれ一生懸命頑張って生きていけばいい。

意地悪なことを言われたときは、言い返したくなります。でも、**同じ目線で意地悪なことを返して、そこに何か生まれるのかなと考えたら、多分何も生まれない。**

そういうときは、気持ち的に上の立場になって、「あ、なんか大変なんだな。頑張ってください」と思って受け止めましょう。そうすれば、相手から「すごい心広いな。この人には、かなわない」と思われるんじゃないかな。

どうしても腹が立ったときは、「結婚って大変なんですね。しようかしないでおこうか、迷います」くらいは言ってもいいかも。

事実は変わらないですよね。だから、子どもみたいに言い合ったりして同じレベルのステージには立たないほうがいい。一緒に意地悪になる必要は、まったくありません。

MIKITTY WORDS

言われて嫌なことは
「嫌だ」と言わないと、
相手には伝わらないし、
ストレスがたまるだけ。

笑いながら見た目のことを言ったり、からかったりする人がいますよね。たとえば、友人や知人、仕事関係の人、場合によっては家族とかも。

嫌なことを言われても、「空気を悪くするかな」と思って何も言わないことがあると思う。だけど、我慢し続けていると、「嫌だ」と言えなくなってくるんじゃないかな。

なので、嫌なことを言われたら「全然おもしろくないんだけど」とか、「そろそろ言うけど、本当に怒るよ」って言う。

たまに、子どもがふざけて、わーわー言っているときがあるんですよね。子どもはけっこうしつこいので、何度も何度も言ったりする。

そういうとき私は「いま何時ですか？　何分やってるの？」「ねぇねぇ見て。もう誰も笑ってないよ。長いんだよ。そろそろやること、やろうか」と言います。

空気を読む練習、ですよね。

言われて嫌なことは、「嫌だ」と言いましょう。言わないと、相手に伝わらないし、こっちもストレスがたまるだけ。そんなストレスは、さっさと手放しましょう。

MIKITTY WORDS

嫌な人に対しては、

「自信がないんだな、かわいそう」

と、心の中で思う。

そうすると、案外落ち着きます。

悪口が好きな人っていますよね。そういう人に「悪口、やめましょう」と言ってもあまり意味がないし、矛先が自分に向かうのも困ります。

たとえば、それが会社だったとしたら、極論、誰ともしゃべらなくても、仕事をしてお給料をもらうのが職場だって割り切るのもありだと思います。

会社の外に出たら、家族や友達がいますよね。本当にひとりぼっちってことは、あんまりないと思うんです。そう思ったら、無敵じゃないかなあ。

嫌なことを言ってきたり、マウント取ってきたりする人がいますけれど、そういう人に対しては、「自信がないんだな、かわいそう」と心の中で思っておく。「かわいそう」と思うと、案外落ち着くような気がします。

ただ、そういう人は頼られると喜ぶことが多いなと感じます。だから、頼れるときは頼りつつ、距離は取るのがいいかなと思います。

MIKITTY WORDS

相手のことを
いいなと思った時点で、
それはもう友情ではなくなる。

男女の友情は、成立するか、成立しないか。これ、けっこう難しいなと思っていて。むかし旦那さんとも話したことがあるんですけれど、やっぱりちょっと難しいんじゃないかな、というのが私の考えです。

というのも、どこかで、どちらかが相手のことをいいなと思った時点で、それはもう友情ではなくなりますよね。

どちらかが、好きだけれど友達関係を壊したくなくて黙っていることがある。そう考えると、本当の男女の友情っていうのは、100%は難しいんじゃないかな、と思います。

私にも地元の男友達がいます。でも、それはいまとなっては相手も結婚して、家庭があっての状況だからこそ、男女の友情も成立するのかもしれない。

だけど、どっちも浮いている状態で、学生だったりすると、なかなか難しいんじゃないかなと思います。

MIKITTY WORDS

相手を二次元っぽく思いすぎ。
ダメなところもあってこそ、
人間って感じ。

友達でも彼氏でも、ちょっとした仕草で冷める……蛙化現象ってよく聞きます。これって、相手を二次元っぽく思いすぎなんじゃないですか。生身の人間なんだから、少女漫画みたいに、いつどのタイミングを切り取っても素敵、なわけないじゃないですか。その反応が嫌とか、寝顔が嫌とか、車をバックさせているときの顔が嫌とか……求めすぎ？　相手をきれいなものだって思いすぎると、ちょっとダメなところを見るだけで、信じられない、みたいな感じになっちゃうのかな。

相手に対して「えっ？」って思う部分があるように、自分にも「えっ？」って思われる部分がある。だから、「相手もそう思うことがあるのかな」と考えます。自分だけが「え？　なんか嫌だな」となるのは、ちょっと上から見ている感じがする。

そうじゃなくて、「ああ、私も嫌だなって思われているとき、あるのかな。気をつけよう」っていうふうに、自分に置き換えて考えたほうがいいと思うんですよね。

ダメなところもあってこそ、なんかこう人間って感じじゃないですか。生きているんだな、っていう広い心を持って接するのがいちばんいいかなと思いますけどね。

みんな、お互いさまなんです。

MIKITTY WORDS

人の嫌なところって、
探しはじめるとキリがない。
だから、難しくても、
いいところをまず探してみる。

人の嫌なところって、探しはじめるともうキリがない。嫌なところって、延々と言えるじゃないですか。

だから、なかなか難しくても、いいところをまず探してみる。たとえば、1日1個見つけるところからはじめると、「ああ、なんか意外にいいところあるな」と思えるんじゃないかなあ。

一方で、本当に嫌だったら「本当に嫌なんだ」っていう、どうしても許せないっていう話をするしかない。そのうえで、関係を継続するか、距離を置くか。

我慢をしてまで続ける関係って、必要なのかな。それはたぶん、必要ないんだと思います。

MIKITTY WORDS

愚痴を聞いたら、
一回は呑み込む。
「私だったら……」はそのあと。

愚痴は出ますよね。でも愚痴を聞いたとき、すぐに「私だったら○○するのに」とは言わないようにしています。だって、そう言われても、なかなか素直に聞く気になれないし、第一あんまりいい気分にもなれない。

なので、一回は呑み込む。「ああ、そうなんだ」「そっか、大変だよね」とか。そのうえで「もし私だったらこうするかも」という言い方にするほうが、相手も「ああ、そんな考え方があるのか」って思えるんじゃないかな。

解決しようと思って「私だったら……」と言いがちですけれど、愚痴を言うほうは「私だったら……」は、そもそも求めていないですよね。「私、あなたじゃないし」と思われるだけ。

これは友達でも家族でも、そう。まずは一回呑み込みましょう。「私だったら……」はそのあとで。

MIKITTY WORDS

中途半端に仲よくしようとするから、
頼まれたり、頼んだり、
甘えたり、甘えてきたりする。
もうこっちも頼らないから
そっちも頼らないでね、
というスタンスを貫いたほうがいい。

結婚すると、相手の親や兄弟とのつきあいはどうしても出てきますよね。でも、もし嫌なことを言われたりされたりしたら、無理につきあわなくてもいいと思う。

こっちだって人間だから、何をされてもいい、なんてことはないじゃないですか。

たとえば、旦那さんの兄弟とうまくいかない、みたいなことがあっても、旦那さんの親と仲よくできていれば問題ないでしょうし。旦那さんの親とうまくいかないようでも、旦那さんとの関係がよければ、それも別に問題ないと思います。

割り切ったほうがいい関係って、あるんじゃないかなあ。中途半端に仲よくしようとするから、頼まれたり、頼んだり、甘えたり、甘えてきたりするじゃない。だから、もうこっちも頼らないからそっちも頼らないでね、というスタンスを貫いたほうがいいと思う。

それでも、旦那さんの親や兄弟から何か頼まれることがあれば、「あのとき、こういうことが嫌だったんですよね。そういうのを直してくれますか? 引き受けたとしても、感謝してくれないと嫌です」くらいは言ってもいいんじゃないかな。

優先するのは、自分自身と旦那さんと、いれば子どもとの関係ですから。

MIKITTY WORDS

嘘でいいのよ、そんな言い訳。
本当のことを言う必要なんて、ない。

お正月に、どっちの実家に帰るか問題、ありますよね。

たとえば旦那さんの実家が近くて、自分の実家が遠い場合。元日は、まず旦那さんの実家に行ってから、その足で自分の実家に泊まりに行く。1日での移動は大変だし、毎年交互に行けばいいじゃないとも思うけれど。ただ、「旦那の実家に挨拶に来るのが当たり前」みたいなおうちもありますよね。

旦那さんの実家に毎年帰るのが当たり前になるのが嫌っていう気持ち、わかります。帰りたくないとかじゃなくて、「来るものでしょ」と思われるのが嫌なんですよね。元日は旦那さんの実家に行って長居するのが恒例の場合、たとえば「今年は○○ちゃんが来るんだよね。なかなか会えないから、今年は私の実家に帰りたい」と言ってもいいと思います。

嘘でいいのよ、そんな言い訳。本当のことを言う必要なんて、ない。

近いほうには、何か月かに一度顔を出すとか、遠いほうはお正月以外であればGWや夏に数日泊まって過ごすとか。そういうふうにバランスをとって、できるだけストレスなくやっていきましょう。

MIKITTY WORDS

食べられるけれど
あげたくないっていうのと、
食べちゃいけないっていうのは違う。
どうせ、いつかは食べるんだから。

義理の親に子どもの面倒を見てもらうときって、あまり気にしすぎないほうがいいと思うんですよね。人それぞれ、やり方も違うし。いろいろ気になるのなら、保育園やシッターさんとか、プロに預けたほうがいい。気になる気持ちはわかるんだけど、極論そのお母さんだって旦那さんを育ててきたわけだから、大丈夫だと思いましょう。

たとえば賞味期限が気になるんだったら、切れているものは捨てておく。自分が考えているようにやってほしいと思うのなら、自分が準備していくべきだと思う。「これを食べさせてください」とか。

私は、子どもに何を食べさせられても、全然気にしません。だって、いつかは食べるのよ、チョコレートも。食べられるけれどあげたくないっていうのと、食べちゃいけないっていうのは違うじゃないですか。

ただ、「ハチミツは1歳になるまであげちゃダメ」とか、「アレルギーとかが危険だからやめましょう」と言われていることに関しては、ちゃんと伝えるべき。子どもの命に関わることは、念押ししましょう。

MIKITTY WORDS

自分の親を大事にしてほしかったら、
相手の親も大事にするべき。

自分の親と義理の親、どちらの近くに住むか。

旦那さんには、自分を育ててくれた親の面倒を見る人であってほしいなって私は思う。義母であっても、近くにいてくれて助かることは、たくさんあるし。ただ、近くに住んだ場合、「あんまり来ないよね」と言われるのも、しんどい。

近すぎるって、あんまりよくないんだと思います。お互い頼りすぎたり、頼られすぎたりとか。二世帯住宅でうまくいかない理由として、「『昨日、帰ってくるの遅かったね』って言われるだけで、監視されている感じがして嫌だ」とか、聞いたことがあります。だから、ある程度の距離感を保つのが、お互いにとっていいと思う。

ただ、自分の親を大事にしてほしかったら、相手の親も大事にするべきだな、とはすごく思います。

自分の親にはよくして、相手の親にはあんまり……だったら、「自分の親には○○しているのに……」って言いたくなる。だから、**お互いそれぞれの親を大事にしているところを、お互いに見せるべきじゃないかな。**

こういうのって、譲り合い。それが結婚なんだとも思います。

MIKITTY WORDS

義理の親に冷たくされても、
冷たくするのは、なし。
気遣っているふりだけでも、
旦那さんには絶対するべき。

何かの行き違いで、義理の親との関係がうまくいかなくなることはあると思う。たとえば、あちらが「会いたくない」と言っているときは、会わなくていいと思うんですよね。でも、旦那さんには「私は仲よくしたいけれど、向こうは会いたくないって……残念だよね」っていう気持ちは、伝え続けるのがいいと思う。歩み寄ろうとしている姿勢は、見せたほうがいいです。

旦那さんが親に何か言われても、「いやいや、うちは会いたいって言ってるよ。孫にも会わせたいって言ってるんだよ。でも、会わないって言ったのはそっちだよね」って言ってもらえる関係性を、旦那さんと築く。

冷たくされたからって冷たくするのは、なし。気遣っているふりだけでも、旦那さんには絶対するべき。

きっと、義理の親は旦那さんにいろいろ言ってくるから。でも、「私は違うよ」ってちゃんと言いましょう。

MIKITTY WORDS

借りたものはちゃんと返さないと。
その大きさは違うにしても、
返すっていう姿勢を見せることが
大事かな、と思いますね。

面倒を見てもらおうと思うと、貸し借りみたいになってくる。「あれやってあげたのに」とかになりますよね。家族とでも、友達とでも。

だから、**貸し借りをまずしない。気持ちの面でも体の面でも。それは、親であっても、義理の親であっても、友達であっても。**

親に子どもの面倒を見てもらうときは、バイトシステムで、お金を払っています。親から「お金はいらない」って言われましたけれど、「絶対に文句が出てくるから、私は払います」と言って、払っています。

払ったほうが、気持ち的にクリアになるというか。仕事として、シッターさんにお願いすることを、私は親にお願いしている、という感じ。

バイト代を払うんじゃなければ、たまに「これでおいしいものを食べてきてくださ い」と言ってお金を渡すのもいいし、お菓子を買って渡すのでもいいし。何もお礼をしないで、「子どもの面倒を見てもらって、よかった」は、ないと思う。

でも、お金を渡していても、文句は出てくるの。だって親子だから。疲れたとか。それでも、借りたものはちゃんと返さないと。その大きさは違うにしても、返すっていう姿勢を見せることが大事かな、と思います。

第7章

人生

毎日、
ただただ前に進むだけ

MIKITTY WORDS

自己肯定感が高いとか低いとか、
考えたことがないんです。
毎日、ただただ前に進むだけ。

よく「その自己肯定感の高さはどこからくるの？」と聞かれます。けれど、そもそも、自己肯定感が高いとか低いとか、考えたことがないんです。

もし私が「自己肯定感が高い」のであれば、それは基本的に、反骨心で生きているからかも。たとえば、嫌なことを言われたり、嫌なことがあったときに自分が嫌になるとか、自分や相手を傷つけるとかじゃなく、いい意味のモチベーションで、あの人を見返してやれるような自分になろうと思って動いていくんです。

結局、**自分や相手を傷つけたりしても、何も変わらない**から。それよりも、一歩前に進んで、その人よりも素敵な自分になることのほうが大事だし、本当に見返すことができると思う。悔しいことがあったときこそ、頑張る。

だから、止まっている暇なんてないんです。今日が悪くても、今日がよくても、もう前に進むだけなんです。自己肯定感を考える時間が無駄だから！

だって「私、自己肯定感、低いから……」と思っても、どうにもならないじゃないですか。だから、ただただ前に進むだけです。前のめりすぎて、たまにどこに向かっているのか、わかんなくなっちゃうぐらいだけれど。

MIKITTY WORDS

後悔するなら自分で選んで、
その結果後悔したい。
人にあれこれ言われても、
最終的に決めるのは自分でありたい。

自分が死ぬときに、どういう自分でいたかったと思うのか、どういう経験をしたかったと思うのか。そう考えると、悩みがなくなるというか、自分がどういう道に進みたいのか、わかるんじゃないかなと思います。

後悔するんだったら、やっちゃおう。私は、後悔するなら自分で選んで、その結果後悔したい。人にあれこれ言われても、最終的に決めるのは自分でありたい、っていう気持ちがあります。

悩む時間は、少ないほうが、短いほうがいい。悩んだら、やってみる。

「人生は、何歳からでもやり直しができる」みたいなこと、むかしからよく言いますけれど、本当にそう。**失敗しても、死ぬわけじゃない。**いっぱい失敗して、学んで、自分の形を見つけたいし、見つけられると思うんですよね。

悩んだら、一歩踏み出してみる。踏み出しても進むだけじゃなく、戻るのも自由だから。

MIKITTY WORDS

凹むのは時間の無駄。
原因があるんだったら、
それを解決しようとする一歩を
踏み出すほうが早い。

考えてみれば、子どもの頃から凹んだことがなかったかもしれません。だいたい、凹んだってしょうがないことがほとんど。凹むのは、時間の無駄だから。凹んでいる暇があったら、解決策を考えるとか、一歩前に進むとか、何かしらしたほうがいい。

私はよく「一歩前に」って言うんですけれど、これはいつも思っています。悩んだり凹んだりしても、何も前に進まないんですよ。だから、悩む原因があるんだったら、それを解決しようとする一歩を踏み出すほうが早いかな、と思います。

だいたいは、悩んでいてもしょうがないことで悩んでいる。そう思います。

MIKITTY WORDS

子どもに大人にしてもらった感じ。

私は、やっぱり子どもを産んでよかったな、と思うところがたくさんあって。逆に、産まないほうがよかったな、と思うことはありません。子どもに、（私が）大人にしてもらったと感じることは、すごくあります。

初めて子どもを産んだのは27歳のとき。大人のように扱われているけれど、本当に大人なのかな、と考えたときがあります。あんまり自信がないな、ただ年を重ねてきただけだな、という感じで。大人として何か行動しているかというと、そうでもない。

そこで初めて子どもを持つことで、初めて母親にもしてもらったんですよね。一人の人に対して責任を持つということで、やっぱり考え方も変わりました。

たとえば、話が通じないことは大人の社会ではあまりないけれど、子ども、特に赤ちゃんには通じないし、思い通りにならないですよね。**「ああ、人って思い通りにならないんだな」と思いましたし、それによって人に優しくなれたように思います。**それに、子どもに恥ずかしくないようにという気持ちも、もちろん出てきました。

あとはこう、いままで大人になってからも自分のペースで生きてきたのが、社会というものを考えて生きるようになったかなと思います。

MIKITTY WORDS

ネガティブな言葉を聞くと、
耳が死んじゃう。

子どもたちと出かけるときには、「これから楽しいところに行くんだから、ネガティブな言葉は一切言わないでください。ネガティブな言葉を聞くと、耳が死んじゃう」と言っています。

つい、人が多いとか、疲れたとか、暑いとか……言ってしまいますよね。でも、暑いと言って涼しくなりますか？　なりませんよね。暑い中で風を感じる。「暑いけれど、風があると涼しいね」って言うほうが、絶対涼しい。暑い暑いと思っていると、絶対暑いから。置かれた状況の中で、いいところを見つけて楽しみたいんです。

人が並んでいるのも、しょうがない。でも、「あと何分だね」とか、プラスにとらえます。だいたい出かける＝疲れるんですから。

言ってもしょうがないことは、言わないようにしています。言っても何も変わらないですよね。そうであれば、その中で楽しみを見つけたい。嫌なことを言っていると、絶対楽しくないから。せっかく出かけたのなら、楽しんだほうがよくないですか？

知らないお店に入って、全然おいしくなくても、それはそれで面白くないですか。「おいしくないって、ある？」みたいな（笑）。その会話を楽しみます！

MIKITTY WORDS

基本なんでも楽しめる。
どこでも楽しめます。

たとえば、全然知らない人のライブに行っても、すごく楽しめる。詳しくないクラシックのコンサートでも、何かしら楽しみを見つけます。たとえば、「あの楽器、どんな音なんだろう?」みたいな。どういう音なのか想像したり、その音から「あ、こういう音なんだ。意外と高いんだなあ」と思ったり。指揮者の人が動いたとき、そのパートの人が演奏すると、「ああ、あなたが動くのね」みたいな。

こういう話をすると、「生きるの、向いていますね」って言われるんですけれど……そうかもしれません。

家族で旅行に行く話になったとき、旦那さんが「どこに行って、何見たい?」って私に聞かなくなりました。「私はなんでも楽しめるから、みんなが好きなところに行こう。私、そこで楽しめるから」みたいな感じ。どこでも楽しめます!

MIKITTY WORDS

調子がいいときほど、
調子に乗らない。

私が心がけているのは、自分にまっすぐに生きていくこと。自分に嘘をつくことはしないし、「あ、これやられたら、嫌だろうな」っていうことを、人にしない。

寄り添い力、みたいなものも大事にしています。

でも、これは相手の全部を受け止めるっていうわけじゃなく。その人のことを思えば思うほど、なんか「ちゃんと応えたい」みたいなところもあるじゃないですか。「この人に幸せになってほしいな」とか、「あ、なんか、ちょっと違うのにな」と思ったら、私が合っているかはわからないけれど、一意見として伝えたい。

そういう意味で、**すべてを受け入れるのでもなく、否定するのでもなく。自分ができることをしていきたい**と思っています。

本当に調子がいいときほど、調子に乗らない。

人に対しても、自分に対しても、まっすぐな人が素敵だと思います。

MIKITTY WORDS

幸せは、自分でつくるもの。
誰かが、与えてくれるものじゃない。

ずっと幸せでいるのは難しいけれど、ずっと幸せでいる努力をすれば、長く幸せでいることは可能なんじゃないかな。それは、一人で生きていく場合もそうだし。誰かと生きていく場合は、お互いの努力が必要だと思う。

結婚してもしなくてもどっちでもいいし、たいていの人は一人で生活できるのかもしれない。**でも、一人で生きていけるからって、一人で生きていかなくてもいいと思う。**パートナーがほしいと思ったら、それに向かって行動すればいい。

もう○歳だからとか、友達がみんな結婚しているからとか、そういうことじゃなく、自分が本当にほしいのは何か、どんな人生にしたいのか。自分の心にそって、行動したいと思っています。

幸せは、自分でつくるもの。誰かが、与えてくれるものじゃない。

MIKITTY WORDS

頑張らない日を
決めるというよりも、
どうにか楽をする中で
頑張る日を作る。

私は本当に頑張らない生き方をしています。頑張るっていうこと自体、頑張る日を決めるぐらいの気持ちでいます。

頑張らない日を決めるというよりも、どうにか楽をする中で頑張る日を作るみたいな感じです。

子どもを育てていると、頑張って当たり前だったりもするし、一生懸命やるのが当たり前みたいな感じに思いがち。だからこそ、手を抜くところを探したほうがいいのかなって、日々思っています。

MIKITTY WORDS

泣いても何も前に進まない。
だから泣かないの、絶対に。

私は、絶対泣きません。泣いても、何も前に進まないじゃない。だから、泣かない。自分の失敗で泣くことの意味がわからないんですよね。失敗したら、注意されて当たり前だし。泣くよりも、次は失敗しないようにしようと思います。

強く叱られたときは、どうすればよかったのか考えます。わからないときは、「すみません、教えてください」って言えばいいだけのこと。泣いたところで、できるようにはならないじゃないですか。

それでもやっぱり、泣いてしまう人っていますよね。

そういう人は、泣いたあとに「大丈夫です」と、どうにか意思表示するべきじゃないかな。「私、泣いています」みたいなアピールをされても、周りは面倒くさいだけ。どうしても泣いてしまうんだったら、泣いたあとに「泣くけど、すごく前向きだよね」と思ってもらえる人になりましょう。

MIKITTY WORDS

悩むって素敵なこと。
乗り越えたときに、
「やってやったぜ」みたいな。
一つ強くなれる気がします。

悩むことは、ないです。

悩んでもしょうがない、みたいな。もはや感情がないのかなって、最近思うくらい。

特に、仕事に関しては悩みません。怒られるかもしれないけれど、何も考えてない。だって、考えてもしょうがないじゃないですか。**その場その場でベストを尽くす。**それしかないと思っています。

仕事以外だと、たとえば夫婦間のことも、そのときそのときで起こったことに対処していけばいいかな、という感じ。

子どものことも、まあ本人の人生だしな、って思います。アドバイスはするけれど、それを参考にするかどうかは、彼ら次第だし。

子どもに対しては、ちゃんと失敗もしてほしいと思っています。大人になって失敗するよりも、いまからいろんな失敗をしてほしい。相手を傷つけてしまったとか、傷ついたとか。それが、経験値になるだろうって思うから。

でも一方で、悩むって素敵だなって思うんですよ。それを乗り越えたときに、また成長するっていうか、「やってやったぜ」みたいな。一つ強くなれる気がします。

MIKITTY WORDS

すべての人から
好かれようとは思わない。

すべての人から好かれようとは、思わないんです。そんなに頑張って好かれても、疲れるだけだから。

私が嫌なことをしてしまったらしょうがないけれど、普通によかれと思ってしたことで嫌われるなら、もうその人とは会わなくていいかなと思う。

合う人とうまくやれればいいと思っていて。自分と合わない人に嫌われることは、正直、あまり気にしません。

わかってくれる人だけ、わかってくれればそれでいい。

だから、友達の数は多くないと思います。狭く深くタイプかな。

MIKITTY WORDS

マイナスのパワーは
プラスに変える。
見返すために生きていく。

以前、ある人から「壁は高ければ高いほどわくわくする」っていう言葉を聞いて、なんかちょっとわかると思ったことがあったんですよね。

私の場合、何か言ってきた人を見返すために生きているみたいなところがあって。基本的に、反骨心で生きているので。

人から嫌なことを言われると、「すごく嫌だったな」と思うじゃないですか。それに対して「こんなこと、見返せる自分になろう」みたいに考えるところがあります。

マイナスのパワーを、プラスに変えて生きていくタイプです。人生の終わりが近づいたとき、きっと走馬灯がすごくいっぱい出てくるはず。楽しいと思うんですよね。

MIKITTY WORDS

本当に悩んだりしない。
自分のことで
落ち込んだりすることは、
もはやない。

いろいろな人から「すごいね、鋼のメンタルだよね」って言われますけれど、いつからそうだったのかは、全然わからないんですよね。

生まれつきかもしれない。気がついたら、強かった……という気がします。

考えてみたら、子どもの頃、特に兄妹喧嘩をする中で、強くなっていったのかもしれません。

ただ、私自身、メンタルが強いと思ったことはありません。人から「メンタル強いよね」「鋼だよね」って言われて、徐々に「あ、メンタル強いんだな」って気づいたくらい。

でも、言われてみればたしかにそう。本当に悩んだりしない。自分のことで落ち込んだりすることは、もはやないんですよね。

ネガティブなところを見れば、悩みは出てきますよね。だったら、**ネガティブなところにとらわれすぎないで、いまできることをやろうって思っています。**

MIKITTY WORDS

勝ち負けで考えれば、
勝ちなんですよ。
過去に嫉妬しても、
どうにもならないから。

嫉妬はしません。

たとえば元カノとか知らないから嫉妬のしようがないし、その元カノに嫉妬しても、結婚しているのは私だし。

だって、元カノや元カレは失敗したから終わっているわけだし。元カノや元カレとは合わないと思ったから別れたわけですよね。

勝ち負けで考えれば、勝ちなんですよ。奥さん旦那さんは、勝ちなわけです。だから、心配をする必要がそもそもないし、何かあったら法的にも強いじゃないですか。相手のことは自由にさせてあげたらいいんだと思う。

だいたい、過去に嫉妬しても、どうにもならないですよね。「過去の人たちを振って、いまは私といる」っていうことに、もっと誇りを持つべき。これが長く続くように頑張るというか、過去は気にしてもしょうがない。

仕事も同じ。誰かを羨んでも嫉妬しても、何もはじまらない。**自分がやっていることに自信を持って、軌道修正もして、進んでいくしかない**ですよね。

MIKITTY WORDS

とにかく一生懸命生きる。
前だって後ろだって、
どっちだって
いいんじゃないかな。

前向きって、何だろう？

もはや「前も後ろもなくない？」と思うんですよね。もう、日々を一生懸命生きているだけというか。それが、前なのか後ろなのか。「まあ、後ろではないかな」とは思います。

無事に今日が終わって、明日に向かう。

基本的に、私は前しか見てないです。でも、「後ろ向きはダメだ」とは全然思わない。とにかく一生懸命生きる。前だって後ろだって、どっちだっていいんじゃないかな。

毎日いろいろなことが起こりますけれど、基本的には何に対してもあまり反省もしないかも……。

とにかく生きる。**今日を無事に終わらせる。目をつぶったら、明日が来るんです。すぐ、来るから。**

おわりに

いままでいちばん「素」の私が出せた本になりました。あふれ出ているというか。読み返しながら「あ、こんなこと言ってた。いいこと言う！」「私って、こんな人なんだな」と、思うくらい。改めて、自分のことを知ることができたような気がします。

デビュー当時から「座右の銘は？」と聞かれるたびに答えていたのが、「常に楽しむこと」。

どうせやらなきゃいけないことなら、楽しみたい。嫌だと思ってやっていたら、いい結果にはつながらない。楽しみながら本気でやってみると、意外な才能が見つかったり、意外と苦手じゃなかったかもと思ったりするかもしれないですよね。

ネガティブなまま始めない、一回ちゃんと楽しんでみる、はいつも心がけています。

どんなことでも、やってみないとわからないじゃないですか。だから、まずはやってみる。やってみて、合わないと思ったらすぐやめればいいんです。やってみる勇気、すぐやめる潔さは、私はすごくあります。

たくさん悩み相談を受けてきましたけれど、悩んだり迷ったりしたときは、「大丈夫、大丈夫」と、まずは自分を落ち着かせる。そのあとは「余裕、余裕」って思うんです。絶対その先に楽しみがあるはずだと思って。

後ろを見るよりも前を見たほうが、ラクになれます。とりあえず、これからの自分がどうあるべきか、どうありたいかを、ちょっと考えてみる。

それは10年後の話じゃなく、「今日の夜は、何を食べたいか」「今日、どんな気持ちで寝たいか」「次の日曜日、どんなふうに過ごしたいか」を考える。そんなふうに身近な「これから」を考えて、1時間後の自分、3時間後の自分、3日後の自分って考えると、少しずつでも前に進めるんじゃないかなと思います。

この本を手にしてくださった方が、素敵な前に進んでくださったら、こんなにうれしいことはありません。

2024年8月　藤本美貴

前しか見ない

ミキティ語録

2024年９月10日　初　　版
2024年11月12日　初版第5刷

著者
藤本美貴

発行者
菅沼博道

発行所
株式会社 CCCメディアハウス
〒141-8205 東京都品川区上大崎3丁目1番1号
電話 販売 049-293-9553 編集 03-5436-5735
http://books.cccmh.co.jp

ブックデザイン
アルビレオ

装画
hakowasa

DTP
有限会社マーリンクレイン

校正
株式会社文字工房燦光

協力
株式会社ジャストプロ

印刷・製本
TOPPANクロレ株式会社

ISBN 978-4-484-22116-8

9784484221168
1920095015002

ISBN 978-4-484-22116-8
C0095　¥1500E
定価：本体1500円＋税
CCCメディアハウス

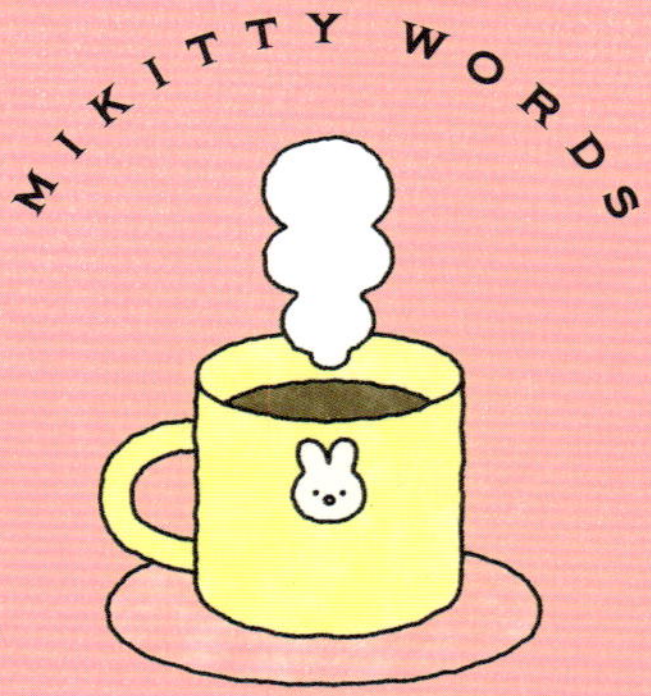